Epischer Renaut alias heiliger Reinoldus im Lichte einer Radiocarbon-Datierung

Mittelalter und Renaissance in der Romania

Hrsg. von Lidia Becker / Elmar Eggert / Susanne Gramatzki /
Christoph Oliver Mayer

BAND 11

PETER LANG

Gustav Adolf Beckmann

Epischer Renaut alias heiliger Reinoldus im Lichte einer Radiocarbon-Datierung

PETER LANG

Bibliografische Information der Deutschen Nationalbibliothek
Die Deutsche Nationalbibliothek verzeichnet diese Publikation
in der Deutschen Nationalbibliografie; detaillierte bibliografische
Daten sind im Internet über http://dnb.d-nb.de abrufbar.

Umschlagabbildung: Ausschnitt aus Merian-Stich ‚Colonia' (1646), Norden rechts.
Der Pfeil weist auf St. Reinold, Ecke Mauritiussteinweg (im Bild waagerecht)
und Marsilstein. Gedruckt mit freundlicher Genehmigung der Universitäts-
und Stadtbibliothek Köln.

ISSN 2194-3001
ISBN 978-3-631-79897-3 (Print)
E-ISBN 978-3-631-80533-6 (E-PDF)
E-ISBN 978-3-631-80534-3 (EPUB)
E-ISBN 978-3-631-80535-0 (MOBI)
DOI 10.3726/b16285

© Peter Lang GmbH
Internationaler Verlag der Wissenschaften
Berlin 2019
All rights reserved.

Peter Lang – Berlin · Bern · Bruxelles · New York ·
Oxford · Warszawa · Wien

Diese Publikation wurde begutachtet.

www.peterlang.com

Vorwort

In den Geisteswissenschaften ist es ein Glücksfall, wenn in eine festgefahrene Forschungssituation plötzlich von den Naturwissenschaften aus einiges Licht gebracht wird. Wie partiell die neue Erkenntnis selbst auch sein mag, erhält doch möglicherweise durch sie eine der schon vorliegenden Theorien ein klares Übergewicht.

Dieser Fall liegt nach meiner Überzeugung gegenwärtig vor bei der Epik und Hagiographie um die komplexe Gestalt des Reinold, der ja sowohl Titelheld des *Renaut de Montauban* als auch Kölner Märtyrer und Dortmunder Stadtheiliger ist.

Während sich meine drei älteren Aufsätze zum Renaut-Komplex auf laterale Probleme beziehen (vgl. die Bibliographie am Bandende), geht es in der vorliegenden Arbeit um dessen Zentrum, die Geschichte seines narrativen Kernes.

Nun kennt der ‚normale‘ Romanist Reinolds epische Seite besser als seine hagiographische; doch die Neuentdeckung geht gerade von der hagiographischen Seite aus. Deshalb habe ich die Gelegenheit benutzt, diese einmal in den Vordergrund zu rücken und – gedrängt, aber, wie ich hoffe, vollständig – aufzuarbeiten.

Heute gilt mein Dank:

den Kolleg/inn/en Lidia Becker, Elmar Eggert, Susanne Gramatzki und Christoph Oliver Mayer für die Aufnahme der Studie in ihre Reihe ‚Mittelalter und Renaissance in der Romania‘;

dem Peter Lang Verlag und seinem Lektor Dr. Benjamin Kloss für die Aufnahme in das Verlagsprogramm;

Magdalena Kalita für die sachkundige Betreuung des Weges vom Manuskript zum Buch im Umgang mit einem technisch negativ begabten Autor;

Dr. Christiane Hoffrath von der Universitätsbibliothek Köln für ein neues Digitalisat des Merian-Stiches ‚Colonia‘ aus der Ausgabe von 1646;

dem Historischen Verein für Dortmund und die Grafschaft Mark für die Genehmigung zum Wiederabdruck von Knörichs kritischer Edition der Reinold-Legende.

Das folgende englische *Abstract* verdanke ich Dr. Linda Archibald, die es nicht nur übersetzt, sondern an mehreren Stellen gegenüber meiner Vorlage auch klarer durchformuliert hat, wofür ich ihr auch hier meinen respektvollen Dank aussprechen möchte.

Trier, im September 2019
Gustav Adolf Beckmann

Inhalt

Abstract

'The epic Renaut, alias Saint Reinold, in the light of radiocarbon dating'
Towards the end of the 20th century, many scholars assumed that the Dortmund Reinold relics were the remains of a person from the 11th or early
12th century. Consequently, the Reinold legend would have to be a pious
fraud. This view, however, became untenable in 1999, when C-14 radiocarbon dating was used on the main relic. Within a realistic, sufficiently
broad interpretation of the method, the measurement of the relic resulted
in a date range including the death date (from 720 to about 750) which the
'traditionalist' theory (as established by Longnon) ascribes to the epony-
mous hero of *Renaut de Montauban*. This suggests that the 'hagiographical'
and the 'epic' Reinold are one and the same person (a view against which in
any case no valid argument has ever been forwarded), and it largely offsets
the central weakness of the Longnon theory, namely the lack of historical
evidence for the protagonist.

There is sparse but coherent evidence of the hagiographical tradition
from the 10th century onwards, first in Cologne, later also in Dortmund.
The version we have today in the form of the Latin prose legend was pro-
bably written down in the 13th century in Dortmund.

This version starts off by following the epic tradition and situating the
hero in a large family which is part of the inner circle around Charles
(certainly Charlemagne), but thereafter it is not interested in his worldly
life, instead moving directly on to his arrival in Cologne, the place where
he was martyred.

From this point onwards, the epic and hagiographical traditions run in
parallel until the translation of the remains to Dortmund, where the story
ends, but their realisation is very different.

In fact, the hagiographical tradition is historically the more probable: Reinold, far from working as a simple construction labourer, had become a
monk, and was therefore a supervisor of the labourers; the building work
was done not on the Cathedral, but in the service of Saint Pantaleon; Reinold's body was not thrown into the Rhine, but into a murky pool; the
translation from Cologne to Dortmund did not happen immediately, but
centuries later – most likely in the 11th century; the Reinold Chapel at

Rupelrath, not mentioned in the epic, is accounted for in the local tradition of Cologne; Reinold did not reach Dortmund during his lifetime (contrary to the French tradition). These differences can be easily explained: the epic tradition was formulated with minimal historical knowledge and very far from Cologne, in the French-speaking region, then reformulated in the Dutch-speaking region, whereas the hagiographical tradition emerged out of the unbroken collective memories of the town of Cologne.

I. Der heilige Reinoldus: sein Todesdatum

Im Jahre 1999 wurde das Alter einer Dortmunder Reinoldus-Reliquie nach der C14-Methode (Radiokarbon-Methode) bestimmt. Das Ergebnis, obwohl frappant, fand in der Forschung so gut wie gar keinen Widerhall – meines Erachtens zu Unrecht. Hier sei versucht, das Versäumte nachzuholen.

Zwischen 1792 und 1982 besaß Dortmund keinerlei Reinoldus-Reliquie mehr. Zunächst ist also sicherzustellen, dass die untersuchte Reliquie überhaupt zu jenen Reinoldus-Reliquien gehört, die zu besitzen man im mittelalterlichen Dortmund – etwa des 13./14. Jh. – stolz war.

Wer häufiger mit Reliquien zu tun hat, weiß, dass die Behauptung, an einem bestimmten Ort befänden sich ,die' Reliquien eines Heiligen, kaum je deren Gesamtheit meint. Aufgrund des allgemein-mittelalterlichen Glaubens, dass jeder noch so kleine Teil des heiligen Körpers Heilskraft besitze, war bei jeder sich bietenden Gelegenheit die Versuchung groß, erlaubt oder unerlaubt ein kleines Stück von der oder den Reliquien abzuzweigen, unter Umständen sogar weiter zu verteilen oder einzutauschen.[1] Wenn sich somit in Köln Reinold-Reliquien nicht nur im St.-Reinoldus-Klösterlein laut seiner Reliquienliste von 1449, sondern nach späteren Quellen auch in St. Pantaleon, St. Mauritius und zumindest drei weiteren Kirchen befanden,[2] so darf man annehmen, dass diese nach Reinolds Martyrium, welches ja zufolge dem einhelligen Zeugnis aller – hagiographischen wie epischen – Quellen in Köln stattfand, in der Stadt verblieben waren. Sie, und vereinzelte

---

1 Vgl. etwa (unter vielen Möglichkeiten) Dom Jacques Dubois/Jean-Loup Lemaître, *Sources et méthodes de l'hagiographie médiévale*, Paris, Cerf, 1993, 280–292, und die dort angegebene Literatur.

2 Die Liste ist in Abschrift erhalten in den (handschriftlichen) *Farragines* der Brüder Johannes und Aegidius Gelenius († 1631 bzw. 1656), Köln, Historisches Archiv der Stadt Köln (im Folgenden: HAStK), Best. 1039, XV/2, fol. 714r–715r, und wurde aus diesen im Faksimile ediert von Beate Weifenbach, *Die Reliquienliste des Kölner Reinoldiklosters*, in: Beate Weifenbach (ed.), *Reinold. Ein Ritter für Europa, Beschützer der Stadt Dortmund*, Berlin 2004, 261–277, speziell 263–265. – Paul Fiebig, *Sankt Reinoldus in Kult, Liturgie und Kunst*, Dortmund 1956, 32s.

Reinoldus-Reliquien anderswo,[3] tun also der Tatsache keinen Abbruch, dass ‚der Heilige‘, eben der Großteil seines Körpers, von Köln in die Dortmunder Hauptkirche transferiert wurde – zu einem schwer bestimmbaren Zeitpunkt, doch jedenfalls, bevor diese archäologisch seit dem 10. Jh. nachweisbare Kirche endlich 1238 durch die Nennung eines *magister Johannes sacerdos ecclesie beati Reynoldi* ihr Patrozinium zu erkennen gab.[4]

Dortmund verlor seine Reliquien essentiell in drei Akten, nämlich in den Jahren 1377, 1614 und 1792.[5]

Dem durchreisenden Kaiser Karl IV. schenkte man am 23. November 1377 einen großen Knochen (vermeintlich einen Arm) und mehrere kleinere; sie kamen auf den Karlstein (13 km westlich Prag), später in den Prager St.-Veits-Dom, wo der große Knochen bis heute in einem vergoldeten Silberreliquiar mit Nennung von Reinolds Namen aufbewahrt wird.

In der Reformationszeit wurde die Reinoldikirche evangelisch. Während der Gegenreformation ließ sich am 11. Mai 1614 ein Dortmunder von drei Reinoldi-‚Kirchmeistern‘ (alle vier sind auch anderweitig bezeugt) eine Vielzahl von Reinoldus’ Knochen – vier große und mehr als 25 kleinere – aushändigen und übergab sie am 13. August desselben Jahres dem Kölner Domprobst Eitel Friedrich von Hohenzollern; unter Ausstellung einer notariellen Urkunde gab dieser sie am 21. März 1616 weiter an Albert, Erzherzog von Burgund und Brabant, der sie nach Ausstellung einer weiteren notariellen, mit des Erzherzogs Unterschrift und Siegel versehenen Urkunde (die die erste Urkunde als Transsumpt enthält) am 22. August 1616 seinem Freund Kardinal Bernardo de Sandoval y Rojas, Erzbischof von Toledo, übergab, von dem sie mit der Urkunde in den Domschatz von Toledo

---

3 Fiebig (wie Anm. 2), 47.

4 Zur Archäologie: Klaus Lange, *Sankt Reinoldi vor 1232*, in: Thomas Schilp und Beate Weifenbach (edd.), *Reinoldus und die Dortmunder Bürgergemeinde*, Essen 2000, 59–85, passim. – Die älteste Bezeugung des Patroziniums: Karl Rübel (Bearb.), *Dortmunder Urkundenbuch*, I/1, Dortmund 1881 (Neudruck Osnabrück 1975), Nr. 75.

5 Zum Folgenden: Fiebig (wie Anm. 2), 36–45; Thomas Schilp, *Reinoldus, unser stat overster patroen und beschermer*, in: Schilp/Weifenbach (wie Anm. 4), 35–49 und 178–181, hier 36–38 und 178s.; am ausführlichsten Beate Weifenbach (wie Anm. 2), 268–277.

gelangten. Dort spürte sie nach dem Zweiten Weltkrieg Paul Fiebig auf und veröffentlichte ihre Geschichte.

Nach 1614 verblieb den Dortmundern noch das silberne, teilvergoldete 26 Pfund schwere Prachtreliquiar mit Reinoldus' ein Loch aufweisender Schädeldecke. Als man es 1792 als Ganzes versteigern wollte, wurden nur 655 Reichstaler geboten; doch erzielte man 834 Reichstaler, als man es in Stücken versteigerte. Wie zu erwarten, ist deren Verbleib und erst recht der Verbleib der Schädelreliquie – die man aufgeklärterweise für wertlos hielt – unbekannt. *Sic transit gloria Reinoldi.*

Im Jahr 1982 feierte Dortmund den 1100ten Jahrestag seiner ältesten erhaltenen urkundlichen Erwähnung. Unter anderem fand dabei in der katholischen Probsteikirche eine Ausstellung „Katholisches Leben in Dortmund – Zeugnisse, Dokumente, Spuren" statt; zu ihr schickte Toledo seine Hauptreliquie unter der Auflage, dass sie in Prag mit der dortigen Reliquie verglichen würde. In Prag bestätigte ein Gerichtsmediziner, dass die beiden (wie sich jetzt herausstellte, nicht Arme, sondern) Schienbeine in der Tat von demselben Menschen stammten. Den Dortmundern gestattete Toledo, einen Teil der Reliquie zu behalten; er wurde von einem Pathologen mit aller Sorgfalt abgesägt und verblieb, in einem neuen Reliquiar, in der Probsteikirche.

An der Herkunft dieser Reliquie aus dem mittelalterlichen Dortmund ist also kein Zweifel angebracht.

Gerade deshalb kamen gegen Ende des 20. Jh. Dortmunder Historiker auf die Idee, man könne das umstrittene Datum der Translation der Reinoldus-Reliquien von Köln nach Dortmund vielleicht entscheidend durch einen *terminus post quem* einengen, wenn man das Alter der zurückgekommenen Reliquie nach der C14-Methode bestimmte. „Die Untersuchung wurde seinerzeit mit der Vermutung verknüpft, die Knochen, die man in Dortmund als Reliquien des Heiligen Reinoldus verehrt hat, entstammten wahrscheinlich dem Skelett eines Menschen, der im 11. oder im beginnenden 12. Jh. verstorben sei."[6] Mit anderen Worten, man hoffte zum Zwecke einer Datierung der Translation eine extreme Spätdatierung der Lebensdaten festschreiben zu können.

---

6 Schilp (wie Anm. 5), 38.

Mit Einwilligung von Probst Andreas Coersmeier ging eine Probe an das Leibniz-Labor für Altersbestimmung und Isotopenforschung der Universität Kiel. Dessen Antwort vom 20. September 1999 beschreibt zunächst ausführlich das angewandte Verfahren (wobei unter anderem die Probe in zwei Fraktionen geteilt wurde) und nennt dann das Ergebnis:

> Die Probe hat einen 2-sigma-kalibrierten Altersbereich zwischen 543 und 652 AD, d.h. dass bei Wiederholungsmessungen 95% der Messungen in diesen Bereich fallen würden. Der wahrscheinlichste, 1-sigma Bereich ist AD 599–641. [...] Die Tatsache, dass beide Fraktionen innerhalb von 2 sigma gleich sind (Differenz 1,3 sigma) spricht für die Zuverlässigkeit der Messdaten.

Dieses überraschende Ergebnis[7] hat also den Dortmunder Historikern für die Frage des Translationsdatums nichts erbracht. Hingegen hat es einen Irrtum um ein halbes Jahrtausend aufgedeckt, sodass – und hier wird es peinlich – die naiven Rezipienten etwa des 13. Jh., die an einen Tod Reinolds unter Karl dem Großen glaubten, der Realität wesentlich näher waren als die modernen Gelehrten mit ihrer Tendenz, die spätestmögliche, meist auch trivialste und vermeintlich ‚risikoärmste‘ Datierung einer Reliquie *a priori* für die wahrscheinlichste zu halten. Angebracht ist – zumindest in diesen Fall – eine Methodenrevision: hier hat in erster Instanz die Legende Anspruch darauf, in den Grundzügen für wahr gehalten zu werden, und in zweiter Instanz die Wissenschaft die Pflicht, davon alle nötigen Abstriche zu machen.

Akzeptiert man das Ergebnis der Messung zunächst innerhalb der Reinoldus-Hagiographie, so zwingt es doch im nächsten Zug offensichtlich dazu, das Verhältnis zwischen der hagiographischen und der epischen Tradition um Reinoldus bzw. *Renaut* (*Renout*, *Reinolt*) neu zu überdenken.

---

7   Die meines Wissens bisher einzige Erwähnung der Messung in einem romanistischen Fachorgan ist durch einen kuriosen Druckfehler entstellt. Beatrice Weifenbach, sonst für die präzise Behandlung großer Informationsmengen rühmlichst bekannt, schreibt (*Le culte de Saint Renaud en Allemagne et les adaptations allemandes et néerlandaises des ‚Quatre fils Aymon‘*, in: *Études Médiévales* 4 [2002], 352–364, hier 362 Anm. 10): „Le résultat que la personne dont les reliques reposent de nouveau à Dortmund fut né au XVIe [sic! G.A.B.] siècle, était pourtant étonnant." Fast gleichzeitig hat Weifenbach aber an anderer Stelle (wie Anm. 2), 275 mit Anm. 36, das Messungsgutachten musterhaft wiedergegeben.

II. Der epische Renaut: seine Historizität

Dazu müssen wir zunächst auf die Frage der Historizität des epischen Renaut zurückkommen. Sie hat eine relativ einfache Forschungsgeschichte, die man letztlich reduzieren kann auf die beiden Beiträge von Longnon (1879), der für die Historizität und essenziell mündliche Überlieferung eintrat, und von Bédier (1913),[8] der Longnons These zu demontieren suchte. Ich halte (allerdings wohl gegen die Mehrheit meiner Fachkollegen) Longnons These im Wesentlichen für richtig; doch liegt die Tücke des Objekts darin, dass es weniger um einzelne Jahreszahlen oder Namen geht als vielmehr darum, einen recht spezifischen – der Geschichte wie dem Epos gemeinsamen – historischen Prozess anschaulich und zugleich präzis zu beschreiben.[9] Dazu braucht es einigen Raum.

Kurz vor seinem Tode (16.12.714) bestimmte Pippin der Mittlere einen Enkel im Kindes-, bestenfalls Jugendlichenalter zu seinem Nachfolger und seine Gattin Plektrud, wenn nicht überhaupt zu dessen Vormund, so doch *de facto* zur Regentin. Er überging dabei ostentativ seinen einzigen überlebenden Sohn Karl, den späteren ‚Martell‘, der in katholischer Sicht – die sich der alternde Pippin bei seiner Rückkehr zu Plektrud offensichtlich zu eigen gemacht hatte – einem Konkubinat entstammte. Nach Pippins Tod setzte Plektrud Karl fest, doch dieser entkam und begann, eine Truppe um sich zu sammeln, erlitt aber zunächst im Kampf gegen die Friesen eine böse Niederlage. Es ist nur natürlich, dass pippintreue Austrasier in dieser Situation durchaus bei Plektrud blieben. Das brauchte sich auch nicht zu

---

8 Auguste Longnon, *Les Quatre fils Aymon*, in: *Revue des Questions historiques* 1879, 173–196; Joseph Bédier, *Les Légendes épiques*, IV, ich zitiere: 3. éd., Paris 1929, 209–278.

9 Da frz. *chanson(s) de geste* in einem dt. Text lautlich und syntaktisch sperrig bleibt, bezeichne ich Werke wie den *Renaut de Montauban* nach dt. Wortgebrauch als Epen. – Zum unmittelbar Folgenden vor allem: *Liber Historiae Francorum*, ed. Bruno Krusch, cap. 51–53, MGH SS.mer. 2, 325–328; *Continuationes Fredegarii*, ed. Bruno Krusch, cap. (8)–(10) (= 104–107 der fortlaufenden Zählung), MGH SS.mer. 2, 173–174. Ferner: *Annales Mettenses priores*, ed. B. de Simson, MGH SS.schol. 10, 18–25; *Vita Rigoberti*, ed. Wilhelm Levison, MGH SS.mer. 7, 54–78, speziell Kap. 8, 9, 12, 15, 16.

ändern, als die Neustrier einen eigenen Hausmeier Raginfrid und einen eigenen Merowingerkönig Chilperich II. aufstellten, die 716 mit einem Heer in Köln erschienen und Plektrud zur Übergabe eines Schatzes nötigten – sehr wahrscheinlich des neustrischen Königsschatzes, den Pippin nach Austrasien verbracht hatte; denn von Kämpfen, also von einem eigentlichen Kriegszustand, zwischen Plektrud und ihnen verlautet nichts.

Doch gleich darauf begann in Austrasien Karls Stern aufzugehen, als er den nach Paris zurückkehrenden Neustriern bei Amel/Amblève in den Ardennen durch einen Überraschungsangriff eine Schlappe beibringen konnte. Jetzt als Austrasier zu Karl überzugehen, wäre im Rückblick klug gewesen, erschien aber noch keineswegs moralisch zwingend oder auch nur sachlich geboten. Charakteristisch ist, dass selbst Karls Pate, Bischof Rigobert von Reims, die Stadt vor ihm verrammelte und ihm mitteilen ließ, er werde sie nur dem Sieger öffnen, ihm oder den Neustriern; als Antwort gelobte Karl, er werde im Falle seines Sieges Rigobert nicht in Ruhe Bischof sein lassen. Am 21. März 717 besiegte Karl in einer beiderseitig verlustreichen Schlacht die Neustrier bei Vinchy nahe Cambrai und stieß schon in Richtung Paris nach, hielt es dann aber für vordringlich, in seinem Rücken für Ordnung zu sorgen und zugleich seine Machtmittel zu stärken: er eilte zurück nach Köln und zwang Plektrud zur Herausgabe des väterlichen Schatzes und zum Eintritt in ein Kloster. Rigobert setzte er ab. Erst damit hörte in Austrasien die plektrudische Partei auf zu bestehen; wer sich als Austrasier Karl nicht unterwerfen wollte (oder dies nicht mehr wagte!), musste ins neustrische Exil ausweichen.

Das Jahr 718 verbrachte Karl im Wesentlichen mit einem Vergeltungsfeldzug gegen die Sachsen, die 715 in den fränkischen Bürgerkrieg eingegriffen hatten. Inzwischen verbündeten sich die durch Vinchy geschockten Neustrier mit Eudo, Herzog eines Aquitanien, das auch die Gascogne und Toulouse einschloss; sie gestanden ihm den Königstitel zu. Gemeinsam nordwärts ziehend, stießen die Verbündeten – 719 nach den Chroniken[10] – bei Soissons auf Karl; doch fast sofort floh Eudo, dem Feind nur knapp

---

10 *Annales Laureshamenses* ad a. 719, MGH SS. 1,24; *Annales Mosellani* ad. a. 719, MGH SS. 16, 498; *Annales Alemannici* ad a. 719, ed. W. Lendi, *Untersuchungen zur frühalemannischen Annalistik*, Freiburg 1971, 146. – Josef Semmler, *Zur pippinidisch-karolingischen Sukzessionskrise 714–723*, in: *Deutsches Archiv für Erforschung des Mittelalters* 33 (1977), 1–36, hier 10 n. 74, plädiert allerdings mit besitzgeschichtlicher Argumentation für 718.

entkommend, aber König Chilperich und dessen Königsschatz mit sich führend, südwärts über die Loire in sein eigenes Staatsgebiet. Dass auch nun noch einige Austrasier mitflohen, also vor Karl aus ihrem ersten in ein zweites Exil ausweichen mussten, ist von vornherein zu erwarten, wird aber auch dadurch nahegelegt, dass Bischof Rigobert, der aus Reims zunächst offenbar nach dem Westen geflohen war, schließlich – wie die Haimonskinder – die Gascogne erreichte.

Im folgenden Jahr (anno insecuto, so der Liber Historiae Francorum), also doch wohl 720,[11] schloss Karl mit Eudo einen Freundschaftsvertrag (amicitias, so die Continuationes Fredegarii), der in Wirklichkeit mehr ein Diktat war: Karl erkannte Eudo (wie die Folgezeit zeigt) als ,König' von Aquitanien an und ließ sich dafür Chilperich mitsamt dem Schatz ausliefern. Die drei Hauptquellen lehren eindeutig, dass Karl mit Eudo über Chilperich, nicht etwa mit Chilperich verhandelte; zwei der drei außerdem, dass Chilperich im selben Sinne wie sein Schatz an Karl ,überstellt' wurde: Carlus per missos suos ab Eudone duce [...] predicto Chilperico rege [Akk.!] recepit – so die Fredegar-Fortsetzer; ille [= Eudo] vero Chilperico rege [Akk.!] cum multis muneribus (var.: cum multis tesauris) reddidit – so der Liber. Noch eindeutiger die Annales Mettenses priores: [Eudo] vero terrore perculsus, verba Caroli principis contemnere non audens, statim sibi [= Carolo] regem Hilpericum cum thesauris direxit.

Eudo lieferte also den Mann aus, der bisher sein Verbündeter, zuletzt Schützling und in allen drei Schlachten (Amel/Amblève, Vinchy, Soissons) Karls ranghöchster Feind gewesen war.

Bei den Annales Mettenses priores klingt es sogar so, als sei die Auslieferung bedingungslos erfolgt, und erst suscepto autem rege, Carolus misericorditer erga ipsum egit, sedemque sibi [= ei] regalem sub sua ditione (!) concessit. Doch zur partiellen Ehrenrettung Eudos darf man als wahrscheinlich ansehen, dass Karl schon ihm versprach, Chilperich als König wiedereinzusetzen. Denn Karl konnte es sich kaum leisten, in der Öffentlichkeit als Merowingermörder

---

11 In diesem Sinne jedenfalls Ingrid Heidrich, Die Urkunden der Arnulfinger, Bad Münstereifel 2001, Echte Urkunden Nr. 10; cf. speziell S. 79: „Nr. 10 muss von 720 datieren, da Karl Martell Chilperich erst in diesem Jahr anerkannte, und der König schon im Laufe des Jahres 721 starb." Statt 720 schon 719, falls Semmler Recht hat; vgl. vorige Anm.

dazustehen, sehr wohl aber, Chilperich zu seiner Marionette zu machen. In der Tat gibt es eine einzige Urkunde Karls (vom Dezember 720), in der er Chilperich wenigstens in der Datumszeile als König nennt.[12] Doch *sub sua ditione* – um den treffenden Ausdruck der *Mettenses priores* aufzunehmen – starb Chilperich, für Karl auffällig bequem, schon am 13. Februar 721;[13] und schon vor dem 3. März inthronisierte Karl einen anderen, ihm von vornherein gefügigeren Merowinger, den noch minderjährigen Theoderich IV.,[14] der bis zu seinem Tod 737 König blieb.

Zwei unserer Hauptquellen rücken Chilperichs Tod in auffällige Nähe zu seiner Auslieferung. Unmittelbar nach den zitierten Stellen heißt es nämlich im *Liber*: *Sed non diu in regno resedit: mortuus quidem est post haec, Noviomo civitate sepultus.* Und bei den Fredegar-Fortsetzern sogar mit merkwürdiger Insistenz: *Veniensque urbe Noviomo, post non multum tempus vitam et regnum amisit et mortuus est.* Hingegen – was nicht weniger zu denken gibt – übergehen die *Mettenses priores* seinen Tod völlig. Sein schneller Untergang kann sehr wohl eine starke psychische Komponente gehabt haben, hat jedenfalls sehr unterschiedlichen Widerhall gefunden, vermutlich auch zu Gerüchten Anlass gegeben.[15]

Karls Beschäftigung mit den Exulanten beschränkte sich nicht auf Chilperich. Den im gaskognischen Exil weilenden Rigobert überredete jener Milo, dem Karl das Bistum Reims zur Administration gegeben hatte, zur Rückkehr mit dem Versprechen, bei Karl seine Wiedereinsetzung zu erwirken. Rigobert kehrte zurück, wurde aber nach einer kurzen Periode der

---

12 Ingrid Heidrich (wie Anm. 11), Echte Urkunden Nr. 10.

13 Tag und Monat nach dem Obituar von Saint-Lucien de Beauvais, vgl. Joseph Depoin, *Questions mérovingiennes et carolingiennes*, in: *Revue des Études historiques* 1904, 377–385, hier 377–380. Um den Wiederaufbau dieses Klosters hatte sich Chilperich II. verdient gemacht; vgl. Dom Henri-Laurent Cottineau, *Répertoire topo-bibliographique des abbayes et prieurés*, I, Mâcon 1936, s.v. *Beauvais, St-Pierre, puis St-Lucien.*

14 Margarete Weidemann, *Zur Chronologie der Merowinger des 7. und 8. Jh.*, in: *Francia* 25/1 (1998), 177–230, hier 206s.

15 Aus heutiger Perspektive schwer zu beurteilen ist, was man Karl Martell zutrauen kann. Glaubt man dem Kap. 11 der *Gesta abbatum Fontanellensium* – und ich sehe keinen Grund, ihnen zu misstrauen –, so hätte Karl noch a. 839 einen alten, ihm verdächtig gewordenen Parteigänger in erschreckend heimtückischer Weise hinrichten lassen.

Unsicherheit endgültig abgesetzt, und Milo, jetzt Bischof von Trier, verwaltete bis über Karls Tod hinaus das Bistum Reims mit. Ebenso wenig wie ein Merowingerleben tastete Karl also das Leben eines Bischofs an, entmachtete aber auch ihn auf Lebenszeit.

Im Endeffekt wurden diese Jahre also geprägt durch die Unbeugsamkeit eines Karl ,Martell', der jeden, der sich nicht unterwarf, in mehreren Etappen bis in den Südwesten der Galloromania verfolgte, und durch die Feigheit eines Eudo von Aquitanien (einschließlich Gascogne und Toulousain), der unter Karls Drohungen diesem selbst seinen prominentesten Schützling auslieferte. Dies sind die beiden dominierenden Charakteristika der Wirklichkeit zwischen 714 und 720 ...

... und ebenso bekanntlich die des *Renaut de Montauban* bis zur Aufgabe von Montauban einschließlich. Nur ist hier der Name *Eudo* lautgesetzlich zu *Yon* geworden,[16] und an die Stelle Karl Martells ist sein berühmterer

---

16 Mit dem Namen *Odo* hat der Name *Eudo*, Akk. *Eudonem,* wie schon Longnon erkannte, nichts zu tun. Das im späten Vlat. ziemlich seltene vortonige /eu/ oder /eo/ wurde mitgerissen von der (haupttonigen) Entwicklung /ẹ/ > /ẹẹ/ > /ie/: wie z.b. *Theuderik* > *Tierri* (ähnlich die vielen sonstigen *Theud*-Namen), *theophania* > *tiefagne, leopardus* > *liepart,* so auch *Eudone(m)* > /iedón/. Da aber /ie/ sonst nur haupttonig vorkam, im Vorton also leicht als systemwidrig empfunden werden konnte, wurde es dort oft schon zu /i/ (seltener zu /e/) reduziert: wie z.B. *Thiebaut* > *Thibaut,* so vielleicht auch schon /iedón/ > /idón/. Das /d/ wurde regelgerecht über /δ/ zu Null, und spätestens jetzt fiel zwischen zwei Vokalen das /e/: entweder also /iδón / > /ion/, oder aber /ieδón/ > /ieón/ > /ion/. (Eine enge lautliche Parallele ist *Theudoni(s) villa* > *Thionville.*) Neben der Namensform mit /ie/ > /i/ existiert auch die Variante mit /ie/ > /e/: der bretonische Schwärmer Eudo de Stella (um 1145) hieß *sermone gallico Eun* /eón/, identifizierte dies mit lat. *eum* im formelhaft-kirchlichen *per eum qui venturus est* und bezog die Messianität auf sich selbst; vgl. Longnon, art.cit. 186 n. 1, und z.B. William of Newburgh, *Historia rerum anglicarum,* I, cap. 19. Nach 1200 ist der Name selten; der niederländische *Renout* ersetzt ihn durch *Yewe* < frz. *Ive,* lat. *Ivo.* – Die Identität des historischen Eudo mit dem epischen Yon war die zentrale Entdeckung Longnons. Er komplettierte sie – mit abnehmender Stringenz, muss man zugeben – durch weitere historische Elemente aus der Zeit nach 720. Deren erstes halte ich noch für voll annehmbar: im Jahr 721 wehrte Eudo eine arabische Offensive gegen Toulouse ab – und Renaut vertreibt für Yon die Araber gerade aus dessen Residenzstadt Toulouse (ed. Thomas v. 3967ss., 5899 u.ö.). Bédier beanstandet,

Enkel getreten.[17]

Aber wie steht es mit dem Titelhelden? Wer in die erzählenden Quellen der späten Merowingerzeit eingelesen ist, weiß, dass dort Gestalten unterhalb des Herzogs- und des Bischofsranges nur selten genannt werden. Eine Erwähnung Renauts dürfen wir dort also *a priori* kaum erwarten.[18] Wohl aber darf man davon ausgehen, dass Karl Martell bei der Bestrafung von Angehörigen dieser Adelsschicht härter durchgreifen konnte als bei einem Merowinger oder einem Bischof.

Aufgrund etwa dieses Gesamtbildes optierte Longnon für die historische Existenz Renauts und für die mündliche Überlieferung des Stoffes.[19] Auch

---

dass das zeitliche Verhältnis zwischen dieser Eroberung und der Auslieferung im Epos umgekehrt wie in der Realität sei; doch konnte man einige Generationen nach den Ereignissen noch von Toulouses Rettung unter Eudo wissen, ohne das genaue Jahr zu kennen. Methodisch diskussionsbedürftig ist erst, dass Longnon schließlich Renauts Tod unter Bischof Agilolf (um 747) ansetzt, obwohl Agilolf nicht in der Epik, sondern nur in zwei Texten des 14. oder 15. Jh., nämlich der Verslegende und der ripuarischen *Histôrie*, genannt wird; vgl. unten Anm. 73.

17 Dass der Karl der *Renaut*-Epik eigentlich nicht Karl der Große, sondern Karl Martell ist, konstatierte als Erster übrigens nicht Longnon, sondern François de Belleforest in seiner *Cosmographie*, Paris 1575; vgl. Longnon, art.cit. 184 n. 3. Diese Erkenntnis ging wieder verloren. Die Ersetzung Karl Martells durch seinen Enkel findet sich bekanntlich auch in anderen Epen, am eindeutigsten im *Mainet*, wo Karls Widersacher ebenfalls Raginfrid und Chilperich (*Rainfroi* und *Heldri*) sind. Wie aber im Prinzip bereits Leo Jordan, *Die Sage von den vier Haimonskindern*, Erlangen 1905, 22s., erkannte, kann diese Überformung im *Renaut* (z.B. aus der Perspektive von etwa 850–900) zusätzlich dadurch gefördert worden sein, dass auch der junge Karl der Große 769, also gleich nach seinem Regierungsantritt, von Lupus von der Gascogne die Auslieferung des (wahrscheinlich sogar mit Lupus verwandten) (Nord-) Aquitaniers Hunold erzwang, dessen weiteres Schicksal unbekannt ist. Schon Zinnow, *Die Sage von den Haymonskindern*, in: *Germania*, Neues Jahrbuch der Berlinischen Gesellschaft für Deutsche Sprache und Alterthumskunde, 7 (1846), 10–68, hier 58ss., hatte dieses Ereignis sogar für den historischen Hintergrund des *Renaut* schlechthin gehalten, was wegen der später entdeckten Identität von Eudo mit Yon nicht angeht.

18 Vater Haimos Titel eines *duc* von *Dordone/Dordon* wird man nicht historisch ernst nehmen, da dem Toponym in der Realität nichts entspricht und ein zugehöriger Dukat nicht einmal umrisshaft zu erkennen ist.

19 ‚Mündliche Überlieferung‘ heißt hier nicht *zwingend*, dass kurz nach den Ereignissen *jongleurs* ‚Lieder‘ über diese dichteten; man kann auch an eine lange Zeit prosaische, kaum mehr als anekdotenhafte Überlieferung z. B. im Kreise einer

ich halte diese ‚traditionalistische' Lösung für die wahrscheinlichste – schon in Abwesenheit einer brauchbaren Alternative.

Denn Bédiers Theorie bietet keine solche. Bédier erkennt als historische Elemente des *Renaut* nur die folgenden an: *1) qu'un prince nommé Charles a jadis fait la guerre dans l'Ardenne; 2) qu'à la même époque régnait en Gascogne un prince nommé Yon; 3) que ce Charles et cet Yon ont guerroyé l'un contre l'autre;* dazu komme 4) die Umdeutung Karl Martells zu Karl dem Großen.[20] Diese Elemente seien auch in der *Vita* (oder *Passio*) *Agilolfi* des 11. Jh. enthalten,[21] und an ihr habe sich der Dichter inspiriert.

Doch erstens kann selbst dem oberflächlichsten Leser der *Vita Agilolfi* nicht entgehen, dass dort die antikarlische Seite auf Schritt und Tritt dargestellt wird als vom Bösen besessen: *Francia* [= Neustrien] *malignis odiis exarsit ... invidia stimulante... pravitates ... rebellium corda impia ... praefati tyranni* [= Chilperich und Raginfrid] *iniustas acies et impia castra moventes, et longe lateque saevitiam suae tyrannidis exercentes ... barbara rabies ... normam spernunt iustitiae, pacem turbant ecclesiae ... crudeliter ut leo frendent ...* Dass ein Dichter seinen (oder seine) strahlenden Helden auf dieser Seite angesiedelt hätte, ist eine groteske Annahme. Zweitens und drittens sind in der *Vita Agilolfi* – und schon in Bédiers sehr geschickter Formulierung – gerade die beiden Elemente nicht zu finden, die in gleicher Weise die geschichtliche Wirklichkeit und das Epos dominieren: das etappenweise Vor-sich-Hertreiben und die Auslieferung.

---

oder weniger Familien denken, die sich erst allmählich zur Liedform festigte. Und es heißt noch weniger zwingend, dass diese Lieder allein durch die anonyme, aber unaufhaltsame Variantenbildung seitens einer *légion* Mitwirkender zu einem Großepos heranreiften; es können auch nacheinander mehrere, durchaus individuell schaffende Dichter jeweils mutationsartig den Stoff umgeformt haben – wie es für die germanische Epik am Beispiel des Nibelungenliedes Andreas Heusler (seit 1921) und wie ich es in meiner *Onomastik des Rolandsliedes* (Berlin 2017) für das Rolandslied zu zeigen versucht haben.

20 Bédier (wie Anm. 8), 238, 239.

21 *Acta Sanctorum* Jul. II, dies 9 (BHL 145). Zu ihr vgl. Jacques Stiennon, *Le rôle d'Annon de Cologne et de Godefroid le Barbu dans la rédaction de la Passio Agilolfi (1060–1062)*, in: *Le Moyen Âge* 65 (1959), 225–245; Friedrich Lotter und Sabine Gäbe, *Die hagiographische Literatur im deutschen Sprachraum unter den Ottonen und Saliern (ca. 960–1130)*, in: Guy Philippart (ed.), *Hagiographies*, Bd. 4, Turnhout, 2006, 273–520, hier 367–370: *Passio Agilolfi ep. Colon.*

III. Das Verhältnis der beiden Todesdaten

Ist der epische Renaut als Person historisch, so kann er also frühestens 720 umgekommen sein – falls nämlich der im Epos erzählte verräterische Auslieferungsversuch von Vaucouleurs gelang, das Epos also ursprünglich hiermit tragisch endete. Andernfalls muss man noch eine unbestimmte Zeitspanne – von wenigen Jahren bis zu wenigen Jahrzehnten – zugeben. Der heilige Reinoldus hingegen kam laut der C14-Messung spätestens 652 zu Tode, also mindestens 68 Jahre früher.

Ich war schon bereit, mich in die Nicht-Identität der beiden Reinolde zu fügen, da fiel mir auf, dass sich der 2-Sigma-Bereich und die von ihm garantierte 95%-ige Sicherheit nur auf die Exaktheit der gegenwärtigen Ausführung beziehen, nicht auf mögliche Ungenauigkeiten, die dem C14-Messverfahren selbst inhärent sind. So wandte ich mich vorsichtshalber noch an Dr. Christian Hamann vom besagten Leibniz-Labor der Universität Kiel mit der Frage, ob definitiv auszuschließen sei, dass das Messergebnis „wie ein Gummiband so ‚dehnbar' sein könnte, dass es auch das Jahr 720 noch einschlösse." Aus seiner Antwort vom 30.10.2018, für die ich auch an dieser Stelle noch einmal herzlich danken möchte, hier das für unseren Fall Relevante:

> Leider ist das Todesdatum des datierten Individuums zu geringeren Altern doch relativ ‚dehnbar'. Zunächst datiert die Methode nicht, wie oft angenommen, das Todesdatum, sondern die Lebenszeit des Individuums, zu der das datierte Knochen-Kollagen aus der Nahrung gebildet wurde. Je nach Alter der Person und je nach verwendetem Knochen kann die Verweildauer des Kohlenstoffes im Kollagen schon einige Jahrzehnte betragen. Außerdem kann der in das Kollagen eingebaute Kohlenstoff schon bei der Aufnahme ein gewisses ‚14C-Alter' haben, vor allem bei aquatischen Nahrungsquellen, da der Kohlenstoff in Gewässern sich nur langsam mit dem der Atmosphäre austauscht. Dadurch kommt es zum sogenannten Radiocarbon-Reservoir-Effekt (RRE). [...] Bis zu hundert 14C-Jahre Differenz ist für Individuen aus dem europäischen (christlichen) Hoch- und Spätmittelalter aufgrund des starken Fisch-Konsums (Fasten) keine Seltenheit. Für das Frühmittelalter habe ich keine Erfahrung.[22]

---

22 Von sonstigen möglichen Störfaktoren glaube ich für unseren Fall einen posthumen Einfluss von Meer- oder Frischwasser oder einer längeren Lagerung im Erdreich ausschließen zu können.

Wenn bei Personen des Hoch- und Spätmittelalters Abweichungen von etwa einem Jahrhundert „keine Seltenheit" sind, dann wird man für das Frühmittelalter getrost mit solchen von 100 bis 130 Jahren rechnen dürfen. Von der Mitte des 1-Sigma-Bereichs beim Jahr 620 reicht die Spanne dann bis 720 und sogar bis 750.

Nun haben sich bekanntlich für eine Unterscheidung zweier Reinolde keine belastbaren Argumente finden lassen;[23] wenn sich jetzt auch noch die Zeitspannen ihrer möglichen Todesdaten überdecken, ihre Todesdaten also identisch sein können, so ist damit meines Erachtens das als zufällig glaubhafte Ausmaß ihrer Ähnlichkeit endgültig überschritten.

Die ökonomischere und deshalb vorzuziehende Annahme ist dann umgekehrt, dass die ‚beiden' Reinolde identisch sind. Der bisherige Schwachpunkt in der traditionalistischen Erklärung, die fehlende historische Bezeugung des Protagonisten, ist damit einigermaßen wettgemacht: Bezeugt ist der Protagonist eben durch seine Reliquien, und das Epos hat einen historischen Hintergrund nicht nur bis Vaucouleurs einschließlich, sondern – wenigstens in den Grundzügen – bis zum Ende.

---

23 Zwar war Jordan (wie Anm. 17), 125–127, für eine Trennung des epischen und des heiligen Reinold eingetreten, hatte aber für letzteren nur eine dubiöse Eigensubstanz zu bieten: eine Münze Ottos I. oder III. (ODDO REX), die seines Erachtens aus Dortmund stammte, weil ihre rückseitige Inschrift RENWAD (aber jeder Buchstabe in Spiegelschrift) auf den heiligen Reinold deute; auf den epischen Renaut könne sie nicht deuten, da die Kenntnis von diesem damals noch auf Südfrankreich beschränkt gewesen sei. Aber erstens geht der alte Name *Regin-wald* seit etwa 800 durchweg auf -old oder -ald aus, sodass RENWAD wegen des W keine der in der Numismatik gängigen Rudimentärschreibungen sein kann. Zudem ist die Dortmunder Münzstätte bis weit über unsere Zeit hinaus immer eine unmittelbar kaiserliche geblieben (vgl. z.B. Theodor J. Lacomblet, *Urkundenbuch für die Geschichte des Niederrheins*, I, Düsseldorf 1840, Nr. 524, p. 365, von a. 1190), und kaiserliche Münzen nennen damals rückseitig immer nur die Stadt, keinen Heiligen o.ä. Erst dreihundert Jahre später prägte Dortmund, nunmehr freie Reichsstadt, Münzen mit RUDOLFUS REX auf der Vorderseite, TREMONIA und einer Reinoldus-Büste auf der Rückseite. Vgl. Peter Berghaus, *Die Münzen von Dortmund*, Band 1 der *Dortmunder Münzgeschichte*, Dortmund 1978, 52. Der Jordansche Bezug der Otto-Münze auf Dortmund ist so unwahrscheinlich, dass diese bei Berghaus gar nicht genannt wird. Eine bessere Hypothese (DAWNER ~ *DAVNTR ‚Deventer') bei Franz Ostendorf, *Überlieferung und Quelle der Reinoldlegende*, Münster 1912, p. 2.

Für die Schlussphase können wir das Epos zwar nicht mit der Geschichte vergleichen, sehr wohl aber mit der hagiographischen Tradition. Das setzt allerdings deren möglichst vollständige, aber gedrängte Aufarbeitung voraus, eine auch um ihrer selbst willen interessante Aufgabe – gerade jetzt, wo wir wissen, dass sie den Anspruch erheben darf, von einem realen Menschen der spätmerowingischen Zeit zu handeln.

IV. Das Dossier des heiligen Reinoldus: vor 1300

Damit also zum ‚epenfreien' Dossier des heiligen Reinoldus! Betrachten wir die ältesten Zeugnisse (vor 1300) einzeln, die folgende schriftliche Tradition dann zusammenhängend.

1) Zum Todesdatum – siehe oben.

2) In dem oben erwähnten Dortmunder Kopfreliquiar konnte man durch „ein Fensterlein [...] das loch" sehen, „so ihn [sic] den kopff geschlagen."[24] Akzeptieren wir es als Zeugnis für einen gewaltsamen Tod des Heiligen.

3) Mit großer Wahrscheinlichkeit feierte man im 10. Jh. im Kölner Dom eine Messe zu Ehren Reinolds als Märtyrers. Dieses älteste Zeugnis des heiligen Reinoldus wird oft übersehen, weil sein Entdecker Paul Fiebig es an einer unerwarteten Stelle seines Buches verstaut hat.[25] Der Codex 137 der Kölner Dombibliothek, ein Sakramentar (also das Buch, in dem der Zelebrant alle seine Messe- und sonstigen liturgischen Texte fand), dürfte nach inhaltlichen wie nach paläographischen Maßstäben in seinem Hauptbestand (fol. 1v–181r) um 870/875 geschrieben sein, vermutlich schon für die Dombibliothek; denn eine hinzugefügte Litanei (f. 181v–182r) erweist eindeutig, dass der Codex zu einem Zeitpunkt zwischen 891–896 im Kölner Dom (St. Peter) in Gebrauch war.[26] Er enthält auf fol. 169r ein Formular für eine *missa in*

---

24 Bericht von 1687 bei Fiebig (wie Anm. 2), 37; vgl. dort auch 35.

25 Fiebig (wie Anm. 2), 127–129 und das Faksimile p. 197.

26 Die beste Beschreibung des Codex bietet das zugehörige ‚Langkatalogisat', www. ceec.uni-koeln.de, wo auch der ganze Codex in Photographien zugänglich ist. Die Lagenformel lautet 22x8, 1x (4+3). Als der Schreiber des Haupttextes an das Ende der 22. Lage (fol. 176v) kam, erkannte er, dass er für seinen restlichen Text weniger als eine halbe Lage benötigen würde; er legte also eine Halblage (4 Folios ~ 2 Doppelblätter, bis 180v) bei, verbrauchte dann aber nur zwei Folios, also bis 178v. Eine sehr ähnliche, aber wohl nicht identische Hand begann auf 179r mit Nachträgen und kam ihrerseits mit 180v nicht ganz aus, sodass abermals Folios zugelegt wurden (insgesamt drei, aber vielleicht nicht alle sofort), bevor diese Hand auf 181r zu Ende kam. Auf 181v und 182r trug dann eine deutlich verschiedene, weniger kalligraphische Hand die Litanei

veneratione unius martiris, also zu Ehren eines beliebigen (nichtbischöflichen) Märtyrers, dessen Namen der Zelebrant dann jeweils nach den Worten *martir tuus* mündlich einzufügen pflegte. Hier ist in der Oratio (~ Collecta) nach *martiris tui* (Zeile 2) über der Zeile *reginoldi*, im Secretum (Zeile 9) zwar kein Eigenname, doch in der Postcommunio nach *martire tuo* (Zeile 14) ebenfalls über der Zeile *reginoldo* eingeschoben, und zwar nach der gleichlautenden paläographischen Expertise von zwei hochkompetenten Beurteilern[27] (denen ich nur beipflichten kann) „mit Sicherheit" noch im 10. Jahrhundert.

Der Beleg ist in mehrfacher Hinsicht willkommen. Erstens kennzeichnet er mit dem Stichwort *martyr* (das zur Wunde in der Kopfreliquie passt) den gewaltsamen Tod dieses Reinold erstmalig als Tod im Dienste des christlichen Glaubens. Zweitens passt seine Kölner Provenienz dazu, dass die folgende hagiographische wie auch die epische Tradition einhellig Köln als Ort des Martyriums nennt. Drittens verkleinert er beträchtlich den Zeitraum zwischen Tod und erster bezeugter kirchlicher Verehrung. Und zwar lässt er diese – viertens – in Köln zu einem Zeitpunkt manifest werden, wo die epische Tradition sogar in ihrem heimatlichen Frankreich noch völlig im Latenzstadium verharrt; es wäre also mit Sicherheit falsch, die hagiographische Tradition im Schlepptau der epischen zu sehen.

Pressen darf man freilich die Geographie nicht: Hagiographie und stadtkölnische Tradition setzen das Martyrium gerade nicht in die Nähe des Domes, sondern an das andere Ende der damaligen Stadt, ja Reinold wird, wie Fiebig richtig betont, „späterhin in den liturgischen Büchern und Kalendarien des

---

ein, auf 182v–183v eine kalligraphische Hand nochmals Nachträge. Keiner der Schreiberwechsel fällt also in einen Lagenwechsel. Damit ist sichergestellt, dass die Nachträge und/oder die Litanei nicht etwa ursprünglich eine Eigenexistenz führten und dem Codex erst sekundär beigebunden wurden. – Außerdem sind von fol. 138 an neben den Totenmessen die Namen Lebender und Verstorbener nachgetragen, die z.T. im Umkreis Erzbischof Hermanns I. z.B. als Zeugen in Urkunden nachweisbar sind; vgl. Rolf Bergmann, *Ein Kölner Namenverzeichnis aus der Zeit Erzbischof Hermanns I.*, in: *Rheinische Vierteljahresblätter* 29 (1964), 168–174.

27 Nämlich laut Fiebig (wie Anm. 2), 128 Anm. 1, von Dr. (später Prof. Dr.) Reinhard Elze, Koeditor der monumentalen Ausgabe des *Pontifical romano-germanique du dixième siècle*, ed. Cyrille Vogel und R. Elze, 3 Bde., Rom, 1963–72, sowie vom Palimpsest-Institut der Erzabtei Beuron.

Kölner Doms in keiner Weise mehr erwähnt." Das wäre völlig unverständlich, wenn Reinold ein Eigenmärtyrer des Domes, z.B. ein beim Dombau Ermordeter, wäre. Nachträgliche Eintragung in das Manuskript plus spätere Nicht-Feier lassen Fiebig vielmehr an einen einmaligen Akt denken, nämlich an eine Festmesse des Bischofs im Dom anlässlich der (schlecht datierbaren) Überführung der (meisten) Reinold-Reliquien aus deren Kölner Domizil (also nicht dem Dom) nach Dortmund, die damit schon in das 10. Jh. fiele.[28] Das ist sicherlich nicht die einzige Möglichkeit; selbst wenn man bei Fiebigs einmaligem Akt bleiben will, könnte die Eintragung z. B. auch stattgefunden haben, als der in irgend einem Kölner Heiligtum ruhende Reinold nach langer populärer und klösterlicher Verehrung vom zuständigen Diözesanbischof (wie damals üblich) in einer Festmesse offiziell heiliggesprochen wurde. Hat unser Zeugnis nichts mit der Translation zu tun, so kann diese also auch zu einem späteren Zeitpunkt, etwa im 11. Jh., erfolgt sein.[29]

4) Das kleine, aus einer Kapelle mit einer Klause bestehende Kölner Reinoldus-Kloster ist unmittelbar zuerst in einer Urkunde von 1205 belegt:[30]

---

28 Fiebig (wie Anm. 2), 128. Für das 10. Jh. als Datum der Translation, und Erzbischof Brun (953–965) als ihren Autor, plädierte auch Hans Jürgen Brandt, *Sankt Reinoldus in Dortmund*, in: *Dortmund, 1100 Jahre Stadtgeschichte*, Festschrift hrsg. von Gustav Luntowski und Norbert Reimann, Dortmund 1982, 79–104, hier 83–91; sein Hauptargument ist die Tatsache, dass die unter St. Reinold ergrabene Kirche aus der Mitte oder der zweiten Hälfte des 10. Jh. stammt. Doch vgl. die folgende Anm.!

29 Für eine Translation im 11. Jh. unter Erzbischof Anno II. (1056–1075) trat (wie andere Autoren seit dem 14. Jh.) vor allem Klaus Lange (wie Anm. 4) ein; in der unter St. Reinold ergrabenen Kirche des 10. Jh. scheine nämlich der Apsis- und Kryptabereich eine sekundäre Vergrößerung erfahren zu haben, um Reliquien ständig sichtbar zu machen. – Ostendorf (wie Anm. 23), 44s., wollte die Translation sogar ins frühe 13. Jh. datieren, aber nur aufgrund eines Missverständnisses: die Angabe von Nederhoff (p. 44 ed. Roese), dass die Ratsherren von Dortmund die Einkünfte der Nikolauskapelle ‚vorher' einem Kanoniker von St. Pantaleon übertragen hätten, bezieht sich nicht auf ‚vor a. 1198', sondern auf ein aus der davorstehenden Erzählung (p. 32) abzuleitendes ‚vor Erzbischof Anno'.

30 Köln, HAStK n. 49a G.B. Ich danke Frau Tanja Schaffrath für ein Photo der Urkunde. – Zu dem Kloster vgl. im Einzelnen Ludwig Arntz, Heinrich Neu, Hans Vogts, *Die Kunstdenkmäler der Stadt Köln*, Ergänzungsband: *Die ehemaligen Kirchen, Klöster, Hospitäler und Schulbauten der Stadt Köln*, Düsseldorf 1937 (Nachdruck 1980), 246–247.

Henricus, von Gottes Gnaden Abt von St.-Pantaleon in Köln, beurkundet, dass *fidelis noster Gerardus, ecclesie Sancti Mauritii in Colonia pastor*, seiner Nichte Aleidis sowie der *Agnes, inclusa capelle beati Renaldi qui locus in territorio nostro situs est*, eine Rente auf Lebenszeit ausgesetzt habe und dass er, der Abt, mit Agnes' Einverständnis *Aleidim puellam cum iam dicta inclusa* [= Agnes] *in eodem loco inclusimus*, also zur Mit-Klausnerin geweiht habe. Nach beider Tod falle die Rente an St. Pantaleon zurück (*ad usus ecclesie nostre reverteretur*).

Es ist sehr hilfreich, sich die räumliche Lage der drei erwähnten Institutionen zu vergegenwärtigen. Das Männerkloster St. Pantaleon, die Pfarrkirche (mit angeschlossenem Frauenkloster) St. Mauritius und die St.-Reinold-Frauenklause lagen alle drei am damaligen Kölner Westrand *dicht außerhalb* der (intakt gehaltenen) Römermauer, und zwar St. Pantaleon an deren Südwest-Ecke, St. Mauritius in der Luftlinie 550 m weiter nördlich, St. Reinold nochmals knapp 200 m weiter nördlich.[31] St. Pantaleon und (im 19. Jh. durch Neubau ersetzt) St. Mauritius existieren noch heute. Auch die Lage von St. Reinold ist genau bekannt: bei einer Vergrößerung im 15. Jh. mietete man je ein Nachbarhaus am Mauritiussteinweg und am Marsilstein; auf dem Merian-Stich von 1646 erscheint das Kloster denn auch, wie noch bei seiner Auflösung 1802, an der (südwestlichen) Ecke dieser beiden noch heute so genannten, zueinander rechtwinkligen Straßen.[32]

---

31 Beste mir bekannte Karte: „Köln in hohenstaufischer Zeit um das Jahr 1150", Beilage 4 zu Bd. 2 von Hermann Keussen, *Topographie der Stadt Köln im Mittelalter*, 2 vol., Bonn 1910–1912 (Nachdruck Düsseldorf, Droste-Verlag, 1986). Norden befindet sich auf der Karte rechts!

32 Fiebig (wie Anm. 2), 50, 53 und (Merian-Ausschnitt) 197; das Kloster ist dort durch G bezeichnet und hat einen Dachreiter (kleinen Turm). Norden befindet sich auf dem Stich, wo auf einer heutigen Karte Ostsüdost läge; Köln ist also sozusagen aus großer Höhe quer über den Rhein gesehen. Keussen (wie Anm. 31) behandelt das Kloster Bd. 1, p. 421, Abschnitt ‚Marsilstein I', als Nr. 1. – Die heutige Reinoldstraße liegt mehr als 200 m südöstlich des ehemaligen Klosters an einem Ort ohne historische Bedeutung; sie ist bei Keussen weder im Text noch auf den Karten verzeichnet, muss also nachmittelalterlich sein. Auch der Name der benachbarten heutigen Bayardsgasse hat wohl (gegen Pfaff u.a.) ursprünglich mit Bayard nichts zu tun: ein Eckhaus an der heutigen Ecke Bayardsgasse/Peterstraße gehört 1289 und 1294 einem *Hermann Bauharus*, 1315 der Witwe dieses *Hermannus Beygere* und heißt schon da kurz *Beygershûs*, ebenso 1324, 1329, 1335 u.ö., *Beyershûs* 1345, 1357, 1443 u.ö.; im 15. Jh. wird der Name

Hier treffen wir also erstmals auf eine Beziehung zwischen St. Reinold und – dominierend – St. Pantaleon.

Pfarrherr (und in der Regel auch Grundeigentümer) war in diesem gesamten Weststreifen außerhalb der römischen Mauer von alters her St. Pantaleon und blieb es auch erstens, als die neue (erweiterte) Stadtmauer von 1106 zwischen die Stätten der (erst einige Jahrzehnte später bezeugten) Sanktuarien St. Mauritius und St. Reinold zu liegen kam (wobei die sie längs der alten Mauer verbindende *via lapidea,* der spätere Mauritiussteinweg, durch ein neues Stadttor, die ‚Eifelpforte‘, offenblieb),[33] und zweitens, als ebenfalls in der ersten Hälfte des 12. Jh. ein reicher Kölner Bürger auf

---

auf die ganze Gasse übertragen: *Beyer(s)gasse* a. 1430, 1466, vgl. Keussen (wie Anm. 31), Bd. 1, 395a.1 und b6, 396ab, 435b.1 und 4, Bd. 2, p. 349c. Sehr wohl aber wird in Köln schon 1332 (sic), 1342, 1348 usw. mindestens bis 1589 ein Haus *Rosbejart* genannt, neben das spätestens 1383 ein zweites, das *kleyne Rosbeiart,* zu stehen kommt (ripuarisch *Bejart, Bejert* < niederld. *Beyaert* < frz. *Bayard*), Keussen, Bd. 1, 198a.1–3, 4–6, beide in der Straße Unter Goldschmied, also in der Sankt-Laurenzpfarre, die sonst keine erkennbaren Beziehungen zu Reinold hatte; hier handelt es sich offenbar um eine Wirkung des Epos, nicht der Legende. – Beate Weifenbach (wie Anm. 2), 277, hat ihren Ausschnitt aus dem Kölner Stadtplan leider so eng gewählt, dass die (nicht markierte) Reinold-Klause (und damit der Ort des Martyriums) auf dem oberen Rand des Ausschnitts (und zwar auf der linken Seite des Mauritiussteinwegs) läge; *Rosbejart* läge weit außerhalb des Ausschnitts.

33 Keussen (wie Anm. 31), Bd. 1, 6* (zur Eifelpforte), 45* Anm. 8 (zur bleibenden Zugehörigkeit des durch die Mauer von 1106 abgetrennten Zipfels zu „S[ankt] Pantaleon bzw. später S[ankt] Mauritius“) und 182* (zur Umwallung von 1106). Auf seiner Kartenbeilage 1 „Die Kölner Stadterweiterungen“ ist der neue Wall von 1106 samt neuer „Eifelpforte“ gut zu erkennen, ähnlich auf Kartenbeilage 4 „Köln in Hohenstaufischer Zeit um das Jahr 1150“, wo er rot ausgezogen ist. – Im Laufe der Jahrhunderte wirkte sich die Mauer von 1106 dann doch so aus, dass St. Reinold aus dem Einflussbereich von St. Mauritius in denjenigen von St. Aposteln hinüberglitt, das wiederum 140 m weiter nördlich, ebenfalls dicht außerhalb der Römermauer, lag; in diesem Sinne bezeichnet Keussen Bd. 1, 191*, St. Reinolds Pfarrzugehörigkeit als strittig, und auf Keussens Beilage 7 „[…] Pfarreinteilung […] um 1500“ gehört es dann definitiv zur Pfarre St. Aposteln. Gutnachbarliche Beziehungen der Klausnerinnen von St. Reinold zu St. Aposteln sind früh dokumentiert; schon in die ersten Jahrzehnte nach 1200 gehört das Vorkommnis, welches Cäsarius von Heisterbach, *Dialogus miraculorum,* ed. Strange II, 211, distinctio 9, cap. 59, berichtet; Späteres bei Fiebig (wie Anm. 2), 49s., 52.

Grund und Boden von St. Pantaleon die Kirche St. Mauritius vielleicht gründete, wahrscheinlicher nur durch einen größeren Bau (mit Nonnenkloster) ersetzte.[34] Somit konnte der Abt von St. Pantaleon auch 1205 noch St. Reinold als auf seinem Gebiet liegend bezeichnen und blieb auch in der Folge dessen „eigentlicher Visitator und geistlicher Vorsteher".[35] Allerdings hatte St. Pantaleon, um reine Klosterkirche werden zu können, seine Pfarrpflichten – vermutlich beim Neubau von St. Mauritius – an diese ihm untergebene Kirche delegiert, sodass die große Pfarre, in der auch St. Reinold lag, von nun an in der Regel nicht mehr St. Pantaleon, sondern St. Mauritius genannt wurde.[36]

Beim Eintritt in eine geistliche Institution war es bekanntlich im Mittelalter weitestgehend üblich, eine Liegenschaft oder eine Rente – inoffiziell als eine Art Gegenwert für den Lebensunterhalt des oder der Eintretenden – zu spenden; nach deren Tode blieben diese Werte bei der Institution. Auch wenn wir von einer früheren Leistung für Agnes nichts hören, wird an Aleidis klar, dass der Abt bei den Klausnerinnen Entsprechendes für angebracht hielt. Bisher meines Wissens unbeachtet, aber bemerkenswert ist nun, dass er diese Rente nach beider Tod nicht an St. Reinold, sondern an sein eigenes Kloster ‚zurück'fallen lassen wollte. Im Gegensatz zu späteren Zeiten[37] billigte er also St. Reinold keine Selbstverwaltung seiner Finanzen zu, sondern behandelte es wie einen Teil von St. Pantaleon. Ein frappanter Unterschied besteht in diesem Punkt zu St. Mauritius: dort unterstanden, wie Erzbischof Arnold I. schon 1144 klargestellt hatte, dem Abt von St. Pantaleon die Pfarre samt dem Pfarrer voll, die Nonnen mit ihrer Priorin aber nur in geistlichen Fragen, während sie wirtschaftlich eine Institution für sich bildeten.[38]

---

34 Wolfgang Peters, *Die Gründung des Benediktinerinnenklosters St. Mauritius*, in: *Jahrbuch des Kölnischen Geschichtsvereins* 54 (1983), 135–166, hier 135–140, speziell Anm. 20 (!); Adolph Thomas, *Geschichte der Pfarre St. Mauritius*, Köln 1878, 36–42; Lacomblet (wie Anm. 23), I, p. 241s., Nr. 352, von a. 1144 (erst nach *longa disceptatione graviter et frequenter* jetzt Schlichtung; der Pfarrer und der Abt über den Pfarrer behalten dieselben Rechte *quam hactenus*).
35 Fiebig (wie Anm. 2), 49.
36 So auch von Keussen (wie Anm. 31) in seiner Beilage 1.
37 Vgl. Fiebig (wie Anm. 2), 48–53.
38 Lacomblet (wie Anm. 34).

Die Frühgeschichte von St. Reinold lässt sich über 1205 noch ein Stück zurückverfolgen. In die Zeit zwischen 1159 und 1190, wahrscheinlich nach 1170, zu datieren ist eine zu den Kölner Schreinsbüchern gehörige Liste mit unter anderem der Mitteilung, dass Gottschalk und seine Frau ein Haus *apud s. Reginnoldum* gekauft haben.[39] Und schließlich ist mit einiger Wahrscheinlichkeit schon St. Reinold gemeint, wenn der Prämonstratenser Hermannus *quondam Iudaeus* im (vermutlich nach 1150 geschriebenen) *Opusculum de conversione sua* berichtet,[40] wie er als junger Mann 1128 oder 1129 seine Gewissensnöte

---

39 Robert Hoeniger, *Kölner Schreinsurkunden des zwölften Jahrhunderts*, II/1, Bonn 1893, p. 10, Eintragung VI/4. Die Liste bezieht sich auf St. Aposteln; dort liegt also auch das gemeinte Haus, doch offensichtlich nahe der Pfarrgrenze auf St. Reinold zu; vgl. oben Anm. 33. – Unklar bleibt die Lage einer im mittelalterlichen Köln um 1200 sporadisch belegten *porta Re(i)nardi*: Leonard Korth, *Zur Geschichte des Klosters Dünwald im zwölften und dreizehnten Jahrhundert*, in: *Zeitschrift des Bergischen Geschichtsvereins* 20 (1884), 51–83, hier 63, und mit ihm Fridrich Pfaff [ed.], *Das deutsche Volksbuch von den Heymonskindern*, Freiburg i. Br., 1887, LIX, optieren für einen Mauerdurchbruch am Laach dicht bei St. Reinold (das in der Koelhoffer Chronik von 1499 *zo sent Reinhart* heißt) und damit für *Renardi < Reinoldi*); hingegen setzt Keussen (wie Anm. 31), Bd. 2, 262.10, die *porta Reinardi* mit der Löwenpforte gleich, scheint sie doch nahe bei St. Gereon und damit weit entfernt von St. Reinold gelegen zu haben.

40 Ed. Gerlinde Niemeyer (MGH, *Quellen zur Geistesgeschichte des Mittelalters* 4), Weimar 1963, die angezogene Stelle p. 107s.; zur Chronologie ibd. 33–49, speziell 44s. – Hermanns salbungsvoll prämonstratensisches Opus ist gelegentlich als Fiktion verdächtigt, aber meines Erachtens voll rehabiltiert worden; zum Ganzen Peter Hilsch, *Die Bekehrungsschrift des Hermannus quondam Iudaeus und die Frage ihrer Authentizität*, in: *Deutsches Archiv für Erforschung des Mittelalters* 66 (2010), 69–91. Doch selbst wenn das Werk eine Fiktion wäre, ist es offensichtlich so geschrieben, dass es wörtlich glaubhaft sein sollte – nicht zuletzt für Juden und Christen in Köln; da kann man sich die freie Erfindung einer Klause, noch dazu am wichtigsten Wendepunkt der Erzählung, kaum leisten. Klausnerinnen dürfen zwar laut Gelübde ihre Klause nicht mehr verlassen, brauchen sich aber einer von außen an sie herangetragenen Bitte um Gebetsunterstützung nicht zu verschließen. – Nun ist zwar a. 1129 eine Inkluse Gertrud für St. Pantaleon selbst (*inibi!*) belegt (Lacomblet [wie Anm. 23], Nr. 304, p. 200), doch von einer Frauenklause 500–750 m weiter nördlich, nämlich nahe St. Mauritius, gibt es außer eben St. Reinold keine Spur; willkürlich also die Annahme einer solchen zweiten Klause bei Karl Heinrich Schäfer, *Kirchen und*

erstmalig Christen anvertraute, nämlich zwei als besonders gottesfürchtig bekannten Schwestern, die in Köln *iuxta beati Mauricii monasterium pro Deo incluse celibem simul vitam ducebant, quarum una Berta, altera Glizmut dicebatur*; deren einfache Frömmigkeit beeindruckte ihn mehr als vorher eine Disputation mit Rupert von Deutz.

Fiebig bemerkt zu St. Reinold überdies: „Kirche und Klause können aber sehr wohl älter gewesen sein, da sie um 1415 so baufällig geworden waren, dass der Einsturz drohte [...]".[41]

Unbestritten scheint im Mittelalter zu sein, dass die Kapelle am Ort von Reinolds Martyrium erbaut wurde, eben zur Erinnerung an dieses Martyrium;[42] eine konkurrierende Erklärung oder Erklärungsmöglichkeit für ihre Existenz und Lage ist jedenfalls nicht zu entdecken. Und nicht zuletzt, weil die Kapelle einen nicht unbedeutenden Vermögenswert repräsentierte, darf man diese ihre *raison d'être* als historisch zutreffend ansehen – gegen die Tradition der Epik. Ein Erbauer wird nie namhaft gemacht, sodass man sich fragen muss, ob nicht das Pantaleon-Kloster selbst der Erbauer war: gerade das würde auch Abt Heinrichs Denkweise erklären.

Hier muss eine Frage zweiten Ranges zur Örtlichkeit zunächst offenbleiben. St. Reinold liegt zwar auf dem südnördlich langgestreckten Territorium von St. Pantaleon, aber doch, von St. Pantaleon aus gesehen, am anderen Ende, etwa 750 m entfernt. Spielt diese Diskrepanz in unserem Zusammenhang gar keine Rolle? Doch, sogar eine sehr interessante – doch lässt sie sich erst erkennen bei der zusammenhängenden Analyse des Legendentextes (s. unten, VII. c))..

Christentum in dem spätrömischen und frühmittelalterlichen Köln, in: *Annalen des Historischen Vereins für den Niederrhein* 98 (1916), 29–136, hier 80, und ihm folgend Gerhard Knörich, *Der heilige Reinold*, in: *Beiträge zur Geschichte Dortmunds und der Grafschaft Mark* 31 (1924), 77–128, hier 111 Anm. 93. Hermannus wird sich auf die ältere Mauritiuskirche beziehen, aber schon im Wissen über die jüngere samt deren Pfarrstatus; cf. oben Peters (wie Anm. 34), Anm. 20. Die zwischen ihr und der Klause liegende Eifelpforte braucht die Vorstellung der Zugehörigkeit nicht zu behindern; Hermannus sagt dem Sinne nach ‚die Klause in der Pfarrei St. Mauritius'.

41 Fiebig (wie Anm. 2), 48.
42 Fiebig (wie Anm. 2), 48.

5) Aubri de Troisfontaines nimmt bekanntlich in seine bis 1241 reichende Chronik auch einige Materialien aus der Epik auf. Von dem *Naaman dux* des Pseudo-Turpin, also dem *duc Naime(s)*, findet er es notwendig zu bemerken, dieser sei nicht identisch mit dem *dux Haymo*, dem Vater der vier Haimonskinder, von denen (ebenfalls) manche tapferen Taten erzählt würden. Dann folgt der Satz: *Horum maior natu sanctus Rainaldus tandem fuit monachus apud Sanctum Panthaleonem Colonie et martirizatus a cementariis translatus est in Trummonia et cum honore sepultus.*[43] Obwohl hier die epische und die hagiographische Gestalt identifiziert sind, hat sich doch St. Pantaleon in keinem Manuskript des *Renaut* finden lassen; man darf den Satz also getrost der hagiographischen Tradition zurechnen.

Dabei ist ein Wort zur Verfasserfrage vonnöten. Mireille Schmidt-Chazan hat wahrscheinlich gemacht, dass Aubri, obwohl in Troisfontaines im Königreich Frankreich schreibend, aus der Lütticher Gegend und damit aus dem Imperium stammte.[44] Zudem ist Aubris Werk nur erhalten mit einigen Interpolationen, die gegen 1251–1252 Maurice, ein Mönch von Neufmoutiers bei Huy, vorgenommen hat.[45] Lüttich wie Huy gehörte damals zum Erzbistum Köln, und diese Zugehörigkeit dürfte die Präsenz des Satzes in Aubris Werk erklären. Da über eine Ausstrahlung des Kölner Pantaleon-Kultes nach Belgien so gut wie nichts bekannt ist,[46] erhielten Aubri oder Maurice ihre Pantaleon-Information wohl nicht über pantaleon-spezifische Kanäle (und damit möglicherweise in einer Art Selbstpropaganda des

---

43 Ed. Scheffer-Boichorst, MGH SS. 23.723, Zeile 40–42.

44 Mireille Schmidt-Chazan, *Aubri de Trois-Fontaines, un historien entre la France et l'Empire*, in: *Annales de l'Est* 36 (1984), 163–192.

45 Eine biographische Skizze des Maurice gibt z.B. Godefroid Kurth, *Maurice de Neufmoustier*, in: *Académie Royale de Belgique, Bulletin de la Classe des lettres* […,], 3e série, 23 (1892), 668–684 (auch selbständig: Bruxelles, Hayez, 1892). Maurice ist belegt von 1230 bis 1251, ibd. p. 675 (= p. 10).

46 Zwar stammte der Abt Rudolph von St. Pantaleon (1121–1123) aus Saint-Trond, und der aus Lüttich stammende Rupert von Deutz schrieb in Deutz über Pantaleon einen Wunderbericht und eine Festpredigt; doch fehlen anscheinend Nachrichten in gegenteiliger Richtung. Vgl. Stefan Samerski, *Die Kölner Pantaleonsverehrung: Kontext – Funktion – Entwicklung*, Rüthen, 2005, 55–58 und passim.

Kölner Klosters), sondern durch den allgemein-kirchlichen Informations-
austausch innerhalb des Erzbistums.

Wie man sieht, treffen wir hier zum zweiten Mal auf eine Beziehung zwischen St. Reinold und – wieder dominierend – St. Pantaleon. Indem dieser
unser Punkt 4) in geradezu idealer Weise an Punkt 3) anschließt, liefert er
uns unser bisher wichtigstes Ergebnis: *wenn Reinoldus als Mönch von St.
Pantaleon von Bauarbeitern ermordet wurde, und zwar auf dem Gebiet von
St. Pantaleon, so ist es nur natürlich, dass die Mönche von St. Pantaleon
ihm an der Stelle des Martyriums eine Memorialkapelle bauten, die sie noch
lange als Teil ihres Besitzes betrachteten, auch als die Kapelle, dicht außerhalb der Römermauer gelegen, schon Klausnerinnen anzog.*

Bleibt die chronologische Frage. Der Frühzeit von St. Pantaleon gilt die
Kölner archäologische Habilitationsschrift von Sebastian Ristow (2008).[47]
Ihr zufolge gibt es im Umfeld des späteren St. Pantaleon in der Spätantike
keinerlei Spuren christlichen Kultes. Erst im ausgehenden 6. Jh. entstand
ein kleiner Friedhof mit Blickrichtung der Toten zunächst nach Südwesten,
seit etwa der Mitte des 7. Jh. nach Südosten;[48] ob und wieweit dabei antike
Gebäudereste in einem Sepulkralkult mitbenutzt wurden, ist für die Anfänge
unklar. Doch in die zweite Hälfte des 7. Jh. datiert Ristow dann einen
„relativ großen Saalbau ‚Pantaleon I' " dem er für die damalige Zeit sogar
„Monumentalität" zubilligt und in welchem (wie auch in seiner Umgebung)
weitere Beisetzungen stattfanden, zumindest also – wie Ristow es vorsichtig
ausdrückt – eine „Grabkirche", das Ganze in Form eines Rechtecks (nach

---

47 Sebastian Ristow, *Ausgrabungen von St. Pantaleon in Köln. Archäologie und
    Geschichte von römischer bis in karolingisch-ottonische Zeit*, Bonn, Habelt,
    2009 (Beiheft 21 zur *Zeitschrift für Archäologie des Mittelalters*). Ich benutze
    stattdessen die Zusammenfassung, die Ristow in Form eines Vortrages gegeben
    hat: *Ausgrabungen unter der Kirche St. Pantaleon in Köln. Zur Erkennbar-
    keit frühchristlicher Kirchenbauten*, in: Olof Brandt (ed.), *Acta XV Congressus
    Internationalis Archaeologiae Christianae*, 2 Bände, Città del Vaticano 2013,
    151–162.

48 Die Linien gleicher Bodenhöhe verlaufen hier in der Südwestecke des römischen
    Köln ungefähr von Südwesten nach Nordosten, was von der Antike bis in den
    heutigen Stadtplan auch bei den Straßen und Gebäuden zu einer beträchtlichen
    Verschiebung der Orientierung im Uhrzeigersinn geführt hat; ‚Südosten' ent-
    spricht also sonstigem ‚Osten'.

seiner Abb. 5 zu urteilen, von etwa 24 x 14 m), an dessen Südostseite in der Mitte ein kleineres Rechteck (etwa 2,5 x 7 m) flach anliegt. „Der eingezogene Rechteckschluss ist in Köln das einzige Indiz, das für diesen Bau die Vermutung zulässig erscheinen lässt, er habe einen Altar besessen." Soweit Ristow mit der für die gegenwärtige Archäologie charakteristischen Zurückhaltung. Von den späteren Umbauten des 9. bis 12. Jh. (‚Pantaleon II–VI') brauchen uns nur wenige Details zu interessieren: durch den Normannensturm von 881 wurde St. Pantaleon zwar großenteils, aber nicht vollständig zerstört, sodass Erzbischof Brun 964 im Wesentlichen eine Wiederbegründung (diesmal als Benediktinerstift) vollzog; und als man 966 die Grabstätte für den im Oktober 965 verstorbenen Brun aushob, stieß man auf ein Grab, dessen Grabplatte die Aufschrift trug: *Hic requiescunt ossa bonæ memoriæ Maurini Abbatis, qui in atrio Ecclesiæ martyrium pertulit, sub die quarto Idus Junii.*[49] Wann konnte dieser Abt Maurinus im Atrium der Kirche das Martyrium erlitten haben? Nicht beim Normannensturm von 881; denn die Platte hätte ja erst nach Wiederbeginn geordneter Verhältnisse angefertigt werden können, und in den dann verbleibenden rund achtzig eher unspektakulären Jahren wäre weder das Grab unkenntlich geworden noch Maurinus selbst der Vergessenheit anheimgefallen. Auch in der Karolingerzeit findet man schwerlich ein genügend spezifisches Szenario für so tumultuarische Zustände. Bleibt die späte Merowingerzeit mit ihren vielfältigen Wirren, und da dürfte dann doch der Titel *abbas* es nahelegen, die „Grabkirche" als Kirche einer (nicht notwendigerweise benediktinischen) Klerikergemeinschaft zu verstehen, wie das die Tradition seit jeher tat.[50] Und wo ein Abt ermordet werden konnte, da konnte es ein missliebiger Mönch auch.

Gesteht man der Radiocarbon-Methode (und vielleicht auch der Archäologie?) den oben besprochenen Grad an ‚Dehnbarkeit' zu, so überlappen sie sich beträchtlich. Da wäre also Platz für das Urbild des Reinoldus.

---

49 Stephanus, Mönch von St. Pantaleon, im Auftrage seines Abtes Christianus (etwa 965–1001), *Historia inventionis Maurini abbatis*, AA.SS. Iun. II zum 10. Juni, col. 280e (BHL 5735); zentraler Teil *Ex translatione Sancti Maurini*, ed. L. von Heinemann, MGH. SS. 15/2, 683–686.

50 Vgl. etwa Adolph Thomas (wie Anm. 34), 9s., Ostendorf (wie Anm. 23), 10s.

Schriftlich erwähnt wird St. Pantaleon zuerst a. 866 (womit erstmals das Patrozinium gesichert ist), und zwar (Pantaleon war Arzt!) anscheinend als Kirche mit angegliedertem Armenspital; anders als die regulären benediktinischen Vorstadt-Stiftskirchen St. Gereon, Severin, Cunibert und Ursula und die Stifte in Xanten und Bonn wurde St. Pantaleon damals durch den Erzbischof noch nicht vom Dom in die volle wirtschaftliche Selbstverwaltung entlassen, sondern blieb selbst in einer so alltäglichen, aber wichtigen Angelegenheit wie der Versorgung mit Kerzen mit dem Dom verbunden.[51] Dieses noch bestehende Band kann auch eine Gemeinschaft des Kultkalenders umfasst haben und bietet damit eine weitere Möglichkeit der Erklärung, weshalb man im 10. Jh. (also vielleicht nur wenige Jahrzehnte später) im Dom eine Reinold-Messe selbst dann feierte, wenn Reinold im Dienst nicht des Domes, sondern von Sankt Pantaleon umgekommen war; vgl. oben Punkt 3).

6) Aus dem 13. Jh. bleibt ein aberranter Beleg, der sich weder in die epische noch in die hagiographische Tradition glatt einfügen will. Auch sein Autor Philippe Mousket († 1282 als Bischof von Tournai) verschmäht in seiner wohl vor 1272 entstandenen Reimchronik des Frankenreiches epische Materialien nicht. Dem Renaut-Stoff widmet er dreißig Verse (vv. 9822–9851 ed. de Reiffenberg), zwanzig davon dem Büßer Renaut; mit dieser Gewichtung und – wenn auch nicht auf den ersten Blick erkennbar – mit dem Ort der Handlung stehen seine Verse der hagiographischen Tradition nahe und sind deshalb hier zu behandeln:

> Puis ot li rois en moult de lius
> Guerre u il fu moult ententius.
> Et dans Rainnaus, li fius Aymon
> Dont encore moult l'estore aimon,
> Il et si frère sour Baiart
> Le guerroiièrent tempre et tart.
> S'en fu mainte gent morte et prise

---

51 MGH *DD Lothar II* Nr. 25, p. 423–426, hier 425. Wegen der semantischen Nähe des Arztes Pantaleon zu dem *hospitale pauperum* zögere ich nicht, mit der Forschermehrheit das *inibi* auf St. Pantaleon und nicht auf den Dom zu beziehen; vgl. Hans Joachim Kracht, *Geschichte der Benediktinerabtei St. Pantaleon in Köln 965–1250*, Siegburg 1975, 79s. Damit ist jedoch nicht gesagt, dass Patrozinium und Hospital gleich alt sein müssten.

Et mainte forteraice esprise.
Et, quant si frère furent mort,
Renaus, ki souvent en ot tort,
Se repenti et fu confiés,
S'ala com pénéans apriés,
Tant qu'en la cité de Coulogne,
U gent fermoient pour besogne
Se traist et siervi les maçons.
Quar il ert fors et grant et lons,
Si portoit plus ne troi ne quatre,
Dont il le vorent sovent batre,
Mais il n'osent pour sa grandece.
Tant que fors de la forterece
Alèrent mangier li ouvrier,
Et il n'ot cure de mangier.
Si s'endormi trop asséur,
Et cil revinrent sor le mur,
Si le trovèrent là dormant
Et I maçons d'un martiel grant
Le féri el cief, s'el tua
Et lues en l'aigue le rua.
Et Renaus tot mors contremont
S'en ala, car Dieux li sémont.
Et puis, si com on le tiesmogne
Fu mis en fierte vers Tremogne,
Quar il fu mors vrais repentans
Et s'avoit Dieu amé toustans
Et saciés bien k'il déservoit
Double loier plus qu'il n'avoit.
Et pour bien faire le tuèrent
Cil qui en l'aigue le ruèrent.

Ostendorf (1912, wie Anm. 23) und Knörich (1924),[52] die beide das Reginoldus-Messformular aus dem 10. Jh. (oben Beleg Nr. 3) noch nicht kannten, halten diesen Mauer- (oder Burg-) Bau gegenüber einem Kirchbau für älter; beide stellen also Mouskets Fassung ganz an den Anfang der Entwicklung. Dadurch wird bei Ostendorf der Renaut des Epos und der Hagiographie zu einem ‚ursprünglich' halbmythischen Baumeister (noch ohne spezifischen Bezug zum Ritterwesen oder zur Kirche!), bei Knörich

---

52 Ostendorf (wie Anm. 23), 69s., Knörich (wie Anm. 40), 91ss.

wird zunächst der Renaut der Hagiographie und später auch der des Epos zu einem Baumeister aus der germanischen Mythologie: „so scheint es mir unabweisbar, den Schluss zu ziehen, dass Reinold niemals gelebt hat, sondern aus einer germanischen Gottheit sich entwickelt hat".[53]

Ich kann ihnen darin nicht folgen – nicht nur, weil wir von einem Leichnam ausgegangen sind, der ganz sicher einmal ein lebendiger Mensch war, sondern auch, weil ich glaube, dass es eine einfachere Erklärung gibt.

Wer Renauts Martyrium zum ersten Mal in der obigen Weise erzählte, sei es Mousket oder ein Gewährsmann, kannte zum einen aus dem Epos, und zwar wahrscheinlich aus dessen mündlichem Vortrag und deshalb ziemlich vage, den Büßer Renaut als Laien (nicht Mönch) und einfachen Bauarbeiter. Zum anderen aber kannte er aus eigener Anschauung oder durch genaue Beschreibung die Lage der Reinold-Klause als den Ort des Martyriums. Dabei prägte sich ihm besonders ein Umstand ein: dass die Klause nur durch die Breite der *via lapidea*, des heutigen Mauritiussteinwegs, von der alten römischen Stadtmauer getrennt lag, jener mächtigen Stadtmauer, die ständig in bestem Zustand zu erhalten seit vielen Generationen Kölns Ehrgeiz war, galt doch Köln als eine der bestbefestigten Städte nördlich der Alpen.[54] Und diese visuelle Vorstellung dominierte nun die Erzählung: woran baute man an einer solchen Stelle wenn nicht an der Erhaltung der Mauer (afrz. *fermer* häufig ‚fortifier, construire, asseoir solidement')? Die anderen Bauarbeiter gehen ‚zum Essen', d.h. in die Stadt hinein zu einer warmen Mahlzeit (einen bloßen Imbiss hätten sie an Ort und Stelle nehmen können). Renaut lehnt sich derweil an die Mauer an und schläft ein. Die Arbeiter kommen ‚auf die Mauer' oder ‚auf

---

53 Knörich (wie Anm. 40), 116.
54 Beim ersten Normannensturm a. 881/882 hatten die Normannen sie zwar überwunden und lädiert; aber die Kölner bauten sie mit Vorrang vor den Kirchen und Klöstern wieder auf: *Fuldaer Annalen*, ed. F. Kurze, Hannover, Hahn, 1891, zu a.883: *Agripina Colonia absque aecclesiis et monasteriis reedificata et muri eius cum portis et vectibus et seris instaurati*, und beim folgenden zweiten Normannensturm hielten sie stand. Diese Mauer blieb als solche für jedermann erkennbar auch, nachdem im Zuge der Stadterweiterung von a. 1106, im stumpfen Winkel zu ihr, nicht sehr weit von der Klause die neue Mauer ihren Anfang nahm; vgl. Keussen (wie Anm. 31), Beilage 1 zu Bd. 2 ‚Die Kölner Stadterweiterungen im Mittelalter'.

der Mauer' zurück und nehmen die Chance wahr, den körperlich über-
legenen, aber schlafenden Mann durch *einen* Schlag mit einem schweren
Hammer von oben auf den Schädel zu ermorden.[55]

Ich halte also diese Mauerbau-Variante der Reinoldus-Legende für eine
sekundäre und folgenlose Episode.

---

55 Der Bau einer Stadtmauer ist zwar ein gemeinnütziges Werk, aber nicht imma-
nent ein Bekenntnis zu Christus wie die spontane Teilnahme an einem Kirchbau.
Außerdem wird hier nicht gesagt, dass Renaut in bewusster Christusnachfolge
wissend in den Tod ging, was ebenfalls zur Definition des Märtyrerheiligen
gehört. Vermutlich ist es kein Zufall, dass Mousket zwar die Überführung nach
Dortmund nennt, aber Renaut nicht ausdrücklich als Heiligen bezeichnet, sondern nur als reuigen, von Gott akzeptierten Büßer schildert.

V. Das Dossier des heiligen Reinoldus: nach 1300

Die Zeugnisse aus der Zeit nach 1300 sind in ihrer scheinbaren Vielfalt zunächst schwer überschaubar. Hier hat Knörich Pionierdienste geleistet, indem er, mit der (schon von Ostendorf abgedruckten) unten zu nennenden Hs. K als Basistext, alle bis 1924 bekannten Prosa-Zeugnisse als Varianten eben dieses Textes erfasste und somit eine praktisch brauchbare kritische Edition erstellte.[56] Knörichs Erkenntnis, dass letztlich *ein* Text vorliegt, eben ,die' (Prosa-) Legende von St. Reinold, scheint mir grundlegend zu sein und darf in der Forschung nicht wieder verloren gehen.

a) ,Die' (Prosa-) Legende von St. Reinold

Knörich unterscheidet drei Zweige der Überlieferung: ihm zufolge hat der Zweig Y den besten Text, der Zweig Z weist eine Reihe von Änderungen auf, der Zweig X überdies einige weitere. [Diese Letzteren erweisen sich aber bei der Durcharbeitung des Apparates als so trivial, dass man primär mit einem Gegensatz Y contra XZ zu tun hat; die etwas unglückliche Wahl der drei Kennbuchstaben darf diesen Gegensatz nicht verunklären! G.A.B.].

Knörich kann nun einige wichtige Schlüsse ziehen, zunächst deren zwei aus dem gemeinsamen Grundbestand aller Fassungen:

1) Entsprechend der Geographie der Reinoldus-Verehrung kommen als Entstehungsorte des Legendentextes von vornherein nur Köln und Dortmund infrage; für Dortmund sprechen dann alle Details. Die Dortmunder Kirche wird als *dignum habitaculum* lobend erwähnt, während von der Kölner Reinoldus-Kapelle und -Klause nichts verlautet. Überhaupt zeigt sich die Legende in Kölner Dingen unwissend oder an ihnen desinteressiert: sie erwähnt nicht den Namen des Erzbischofs, nicht das Kloster, dem Reinold angehörte, nicht den Bau, an dem er arbeitete; von den drei Festdaten des Heiligen (Tod, Auffindung, Translation nach Dortmund) nennt sie nur das seiner Ankunft in Dortmund,

---

56 Ostendorf (wie Anm. 23), passim; Knörich (wie Anm. 40) 116–127.

an dem einem Kölner Autor am wenigsten liegen musste. Ferner enthält der Titel der Legende zunächst keine Ortsangabe; erst [die meisten] XZ fügen hinzu *et monacho in Colonia*. Und schließlich bezieht sich die Legende gegen Schluss auf Reinolds Dortmunder Grabstätte als *hic* befindlich, was Bolland [und einzelne andere XZ-Handschriften] zu Recht in *illic* ändern.

2) Die Legende ist nach Knoerichs Meinung spätestens im 12. Jh. nie-dergeschrieben.[57] Denn in allen lat. Textzeugen heiße ‚Dortmund‘ *Trotmannia* (vereinzelt *Trutmannia*), ‚die Dortmunder‘ *Trotmanni*, ‚dortmundisch‘ *Trotmannensis* (vereinzelt *Trotmanniensis*) – Graphien, wie sie (mit leichtverständlichen Varianten, aber immer mit -*t*-, verein-zelt -*d*- am Ende der ersten Silbe) bis Mitte des 12. Jh. konkurrenz-los herrschen,[58] doch in Dortmund 1152/1153 abrupt und recht bald (bis auf geringfügige Abweichungen wie *Trummonia* u.ä.) sogar all-gemein durch *Tremonia* verdrängt werden.[59] Ich muss hier allerdings energisch Widerspruch einlegen; denn die ältere Form des Stadtnamens wurde zumindest in Dortmund selbst noch jahrhundertelang erinnert und kann für einen solchen Legendentext, bei dem es um Ereignisse lange vor 1150 ging, leicht archaisierend verwendet worden sein; es genügt, daran zu erinnern, dass die um 1380 in Dortmund gefälschte Pseudo-Rektoren-Chronik auf Schritt und Tritt *Trotmanni, -orum* usw. benutzt und einer ihrer Pseudo-Autoren das neu aufgekommene *Tre-monia* durch eine ganz andere Etymologie glaubt erklären zu müssen.[60] Da im kritischen Text unserer Legende einleitend auf das Epos als all-gemein bekannt angespielt wird (s. weiter unten, Abschnitt VIIa), kann

---

57 Knörich legt auch – und zwar noch stärker – Wert darauf, dass die Legende schon im 10. Jh. existiert haben *könne*; das hängt mit seiner These vom heid-nischen Urprung der Reinold-Gestalt zusammen. Man kann es ohne logischen Bruch ignorieren, wenn man an diesen Ursprung nicht glaubt.

58 Vgl. etwa die 25 Belege bei Maurits Gysseling, *Toponymisch woordenboek* [...], Tongeren, 1960, s.v. *Dortmund*.

59 Dazu ausführlich G.A. Beckmann, *Epik um einen Fluss*, in: *Mittellateinisches Jahrbuch* 51 (2016), 221–258, hier 250–253.

60 Joseph Hansen (ed.), *Chronik der Pseudorektoren der Benediktskapelle zu Dort-mund*, in: *Neues Archiv der Gesellschaft für Ältere Deutsche Geschichtskunde* 11 (1886), 493–550, hier speziell 529.

ich deren vorliegende Redaktion erst ins 13. Jh. setzen. (Andererseits enthält die Legende keine Anspielung auf die kriegerischen Ereignisse von 1377, sondern ist für dieses Jahr selbst belegt; vgl. weiter unten zu Nederhoff und *Histôrie*.)

Dazu ein dritter Schluss, der die Hauptspaltung der Überlieferung und damit die Textfamilie XZ definiert:

3) Die Textfamilie XZ behält die *Trotmann*-Graphien sorgsam bei, fügt aber an deren erster Vorkommensstelle erklärend hinzu *id est Tremonensis* (*Tremoniensis* F) *civitas*. (Für das *Duytsche Passionail* allerdings entfällt das Problem.) Diese Familie hat sich also irgendwann von der Familie Y getrennt. Sehr bemerkenswert ist, dass kein lat. Textzeuge die alte Form einfach durch die neuere ersetzt.

4) Die verbleibende Familie Y ist also gegenüber XZ streng genommen nur negativ definiert, nämlich durch das Fehlen der genannten Namenserklärung. Doch in wechselndem Umfang finden sich in Y Zusätze (bei Knörich kursiv gedruckt): A) gleich eingangs die *namentliche* Nennung nicht nur (wie auch in XZ mit Ausnahme des kürzenden D) von Reinolds Vater Heymon (*Haymon*, rip. *Heyme*), sondern auch die a) seiner Mutter *Aya* als Schwester des *Alemannia*-Bekehrers Karl und b) seiner drei Brüder *Adelhardus*, *Ritzardus* und *Writsardus* (also, bis auf lat. *-us*, die Formen der niederld.-dt. Tradition); ferner B) eine Reihe rein moralisch-rhetorischer Zusätze sowie C) zwei Erwähnungen von St. Pantaleon.

Hier die Liste von Knörichs Textzeugen; ich nenne jeweils auch die Ordnungsnummer des Textes in Weifenbachs Dezimalsystem;[61] Texte ohne Sprachangabe sind lateinisch.

Zweig Y:

K = Köln, Historisches Archiv der Stadt Köln (im Folgenden: HAStK), Ms. W* 9, Papier, Legendar, geschrieben von Florentius de S(ch)ne(c)

---

61 Beate Weifenbach, *Die Haimonskinder in der Fassung der Aarauer Handschrift von 1531 und des Simmerner Drucks von 1535*, Teil 1, *Einführung in die europäische Haimonskindertradition*, Frankfurt/M. 1999, eine dokumentarisch äußerst nützliche Dissertation; im Folgenden kurz: Weifenbach *Haim*.

kis, Subprior in St. Pantaleon zu Köln, um 1530, darin: fol. 346v–349v, *Sequitur Legenda de Sancto Reynoldo martire strennuo [sic] et inclito*, ed. Ostendorf (wie Anm. 23) 17–22, nhd. Übs. bei Fiebig (wie Anm. 2) 9–12; von Knörich (wie Anm. 40) 117 als Basishandschrift seiner kritischen Edition gewählt trotz ihres relativ späten Datums; Zusätze A (a und b), B, C vorhanden; inzwischen durch Tintenfraß stark angegriffen, dazu Weifenbach *Haim.* 8.1.1.5, erster Teil (p. 294); BHL 7110.

k = Köln, HAStK, Ms. W 169 (olim theol. 169), 15. Jh., Legendar in dt. Übersetzung, ripuarisch, darin: fol. 86ra (Papier)–87 (Pergament)–88ra (dgl.) (olim fol. 83–85), *Van sente Reynolt dem heilgen merteler*; Zusätze B in Übersetzung vorhanden (nicht aber A und C); Weifenbach *Haim.* 8.2.1.1 (p. 295).

Ein Text des Zweiges Y wurde nach Knörich (dem ich mich anschließe) auch benutzt in den folgenden Werken:

N = Johannes Nederhoff, Dominikaner, Dortmund um 1440–1450, *Cronica Tremoniensium*, ed. Eduard Roese, Dortmund 1880, 33s. (wo unser Legendentext auch gemeint sein dürfte mit dem *liber de gestis sancti Reynoldi*, der als eines von zwei Büchern über Reinold 1377 dem durchreisenden Kaiser Karl IV. geschenkt worden sei); www.digital.ub.uni-duesseldorf.de.[62]

H = *Histôrie van Sent Reinolt*, Köln, 15. Jh., ripuarische Prosa, eine ‚hybride‘ Erzählung, die außer unsrer Legende auch die niederld-frühnhd. Epos-Tradition benutzt; und

G = *Hystoria beati martiris Reynoldi*, eine Rückübersetzung von G ins Lateinische.

H und G werden, da inhaltlich zu unserem Dossier gehörend, weiter unten in Abschnitt b) um ihrer selbst willen behandelt.

<u>Zweig Z</u>:

F = *Farragines* der Gebrüder Gelenius (um 1645), Köln, HAStK, Best. 1039, Nr. 30, p. 411s.; von Knörich 117, Anm. 111, und 118 neu in die Forschung eingeführt; bei Weifenbach *Haim.* mir nicht auffindbar.

---

62 Abgerufen am 28.11.2018.

Ru = Rubea Vallis/Roo(d)klooster/Rouge-Cloître in Brabant, Bollands Hauptquelle [als deren Schreiber er in Fußnote *a* seines Legendenabdrucks *Ioannes Gilmannus vel Antonius Gentius* nennt], laut Knörich 118 [der sie für verloren hielt] leidlich rekonstruierbar durch Ausscheidung der beiden (untereinander weitgehend und oft auch mit der Hauptquelle textgleichen) Nebenquellen Br und Li (s. sogleich) [doch siehe jetzt einfach weiter unten die Hs. Wien ÖSB, Ser. n. 12706!];
Bo = Bolland selbst, *Acta Sanctorum*, Ian. I, ed. Johannes Bolland, zuerst: Antwerpen 1643, zum 7.1., p. 386s.; Weifenbach *Haim*. 8.1.2.3 (p. 295); BHL 7110.

Zweig X:

Le = (von dem Humanisten Antonius Liber [< Vrye] zusammengestellter) Anhang im Druck der *Legenda aurea* des Jacobus a Voragine, Köln, Ulrich Zell, 1483, darin: fol. 235vb–236vb, *Reynoldus lapicida martir*; Digitalisat http://digital.ub.uni-duesseldorf.de/ink/content/titelinfo/514032, abgerufen am 28.11.2018; Weifenbach *Haim*. 8.1.2.1 (p. 294s.).
Li = der soeben als Le genannte Anhang selbständig gedruckt als *Hystoriae plurimorum sanctorum*, Löwen, Johannes de Westfalia, 1485, fol. 11vb–13ra., *De sancto Reynoldo martire et monacho in Colonia*, Berlin, SBB PK, Inc. qu. 4916; Weifenbach *Haim*. 8.1.2.2 (p. 295).
Br = Abschrift von Li (mit wenigen Fehlern, Ostendorf [wie Anm. 23], 31s.), verfertigt von Joannes Vlimmerius, Kanonikus von St. Martin zu Löwen († 1597), Brüssel, Bibliothèque Albert Ier, cod. 3440 (olim Burgundische Bibliothek, Ms. 7569), fol. 380r–381v, *De Sancto Reinoldo martyre et Monacho in Colonia*, ed. Heinrich Floß, in: *Annalen des historischen Vereins für den Niederrhein, insbesondere die alte Erzdiözese Köln* 30 (1876), 181–185; Weifenbach *Haim*. 8.1.1.7 (p. 294).

In den Zweig X stellt Knörich schließlich auch

D = *Dat duytsche passionail*, Köln, Ludwig von Renchen, 1485, Druck einer ripuarischen Übersetzung der *Legenda aurea*, Teil II, fol. 229rb–vd, *Dye legend van sent Reynolt merteler ind monich zo Coellen*. Doch mit seinem deutschen *Dorpmund* entgeht der Schreiber automatisch der Notwendigkeit, *Trotmanni* zu erklären, und damit dem Definitionsstück von XZ; zudem erkennt auch Knörich in Zeilen 25 und 87 je ein Einsprengsel aus Y an. Da D überdies stark kürzt, bleibt die Zuordnung in eine der Familien m.E. problematisch. Digitalisat: http://tudigit.ulb. tu-darmstadt.de/show/inc-iii-51, abgerufen am 28.11.2018; Faksimile der Reinold-Legende auch: *Mitteilungen der Stadtbibliothek Dortmund* 3–4 (1922), p. 6–7; Weifenbach *Haim.* 8.2.2.1 (p. 296).

So weit Knörich 1924. Seitdem ist eine Reihe neuer Textzeugen der Prosalegende aufgetaucht, zum Teil verzeichnet in der BHL unter Nr. 7110–7111, zum Teil bei Weifenbach *Haim.*

Zwei davon sind im Zweiten Weltkrieg verbrannt und textlich nicht restituierbar:

Münster, UB 20, Pergament, 15. Jh., drittes Viertel, fol. 195–196, sowie Münster, UB 353, Papier, 15. Jh. nach 1412, fol. 138–141; beide BHL 7110, nicht bei Weifenbach *Haim.*

Alle übrigen Neufunde habe ich in Photokopien durchgesehen. Durch sie wird die Dokumentation des Zweiges Y seit etwa 1400, die von XZ seit etwa 1450 wesentlich dichter, ohne dass Knörichs Stemma sonst einer Änderung zu bedürfen scheint.

Y-Handschriften:

Düsseldorf, ULB, C 9, Legendar, „[um 1400]", Pergament, Essen, Kanonissenstift (?), darin: fol. 15vb–16rb, *De sancto Reynaldo*; enthält die Zusätze B, nicht aber A und C, insbesondere also keine Erwähnung von St. Pantaleon;[63] bricht (ohne erkennbare Ursache) schon ab mit Knörichs Zeile 62 *ad propria remisit*, also nach den durch Reinolds Interzession vollbrachten Wundern, aber vor seiner Einsetzung als Bauaufseher. Das Leiden um Christi willen fehlt also; ebenso natürlich jede Erwähnung von Dortmund. Somit handelt es sich nicht etwa um eine Frühstufe der Legende, sondern um eine willkürliche abbrechende Handschrift; Weifenbach *Haim.* 8.1.1.4 (p. 293). Ähnlich

---

63 Anders Barbara Fleith, *Die lateinische Legenda Aurea, deutsche Legendensammlungen und der heilige Reinoldus*, in: Beate Weifenbach (ed.), *Reinold* (wie Anm. 2), 113–122, hier 119s.

Köln, HAStK, GB Quart 165, relevanter Teil: *Passionale abbreviatum* (so im Inhaltsverzeichnis!}, Wasserzeichen dort 1410–1441, Erzbistum Köln (?), fol. 15v [= fol. IX v der mittelalterlichen Zählung], Zeile 16–36, *Reinoldus*; sehr klein geschriebene, schlecht lesbare Kursive; enthält von den Zusätzen weder B noch C, nennt jedoch aus A (außer Haimo) auch Reinolds Mutter (hier zwar nicht namentlich, sehr wohl aber als Schwester des *Alemannia*-Bekehrers Karl), erweist sich damit als Y-Text, unterdrückt aber schon die Namen von Reinolds Brüdern, kürzt nunmehr fortlaufend drastisch (insbesondere die Berichte über die vom lebenden Reinold bewirkten Wunder) und schließt schon mit der Rückführung der Leiche ins eigene (namenlose) Kölner Kloster (wo sie Wunder verrichte), sodass Dortmund völlig unerwähnt bleibt; Weifenbach *Haim.* 8.1.1.1 (p. 293).

Bonn, Universitätsbibliothek (im Folgenden: UB), S 304, *Legenda aurea*, Wasserzeichen um 1440, Erzbistum Köln, seit etwa 1450/1460 im Besitz des Lambertus de Hammone, Kanonikus in Böddeken bei Paderborn († 1486), fol. 389rb–390vb (im Nachtragsteil zur *Legenda aurea*), *De sancto Reynoldo*; enthält die Zusätze B, nicht aber A und C, insbesondere also keine Erwähnung von St. Pantaleon;[64] keine Erklärung der *Trotmann*-Formen; Weifenbach *Haim.* 8.1.1.3 (p. 293).

Köln, HAStK, GB Quart 253, Papier, Theologische Sammelhandschrift, laut Wasserzeichen um 1450/1460, fol. 136r–138v, *De sancto Reynoldo pio martire, cuius reliquie requiescunt Tremonie*; enthält die Zusätze B (nicht A und C); keine Erklärung der *Trotmann*-Formen; Weifenbach *Haim.* 8.1.1.2 (p. 293).

Paris, Bibliothèque nationale, cod. all. 35, Legendar, 1460 beendet (Datierung und Gebetswunsch der Schreiberin auf fol. 416r), Klarissenkloster Raum Trier, ,moselfränkisch',[65] fol. 21vb (Papier)–22 (Pergament)–23vb (dgl.), *Van sente Reynolt*; Text bis auf Orthographie so gut wie identisch mit k (= Köln, HAStK, Ms. W 169, s. oben); Weifenbach *Haim.* 8.2.1.2 (p. 295).

---

64 Wie vorige Anm.!

65 Ich übernehme die Kennzeichnung als ,moselfränkisch' aus Weifenbach, habe aber selbst noch keine distinktiven Unterschiede zu dem ripuarischen Dialekt der anderen Handschriften festgestellt, kann also nicht ausschließen, dass die Dialektbezeichnung lediglich aus dem Schreib- oder gar Fundort abgeleitet ist.

London, Univ. College Library, Ms. germ. 17, Papier, 1462, Legendar, ripuarisch, Köln (?), fol. 207va–211rb (ältere Zählung 202va–206rb), *Van sente Reynolt*, Text bis auf Orthographie so gut wie identisch mit k (= Köln, HAStK, Ms. W 169, s. oben); Weifenbach *Haim.* 8.2.1.3 (p. 295).

Berlin, Staatsbibliothek Berlin Preußischer Kulturbesitz (im Folgenden: SBB PK), Ms. germ. qu. 1687, Papier, 1463 (Datierung auf fol. 330ra), aus dem Augustinerinnen- (ursprünglich Beginen-) Konvent Schelen in Köln, ripuarisch, *Etzliche legende of historien*, darin: fol. 17rb–19ra, *Van sente Reynolt*; Text bis auf Orthographie so gut wie identisch mit k (= Köln, HAStK, Ms. W 169, s. oben); Weifenbach *Haim.* 8.2.1.4 (p. 295).

XZ-Handschriften:

Berlin, SBB PK, Ms. theol. fol. 706, Legendar, Wasserzeichen um 1460, geschrieben von Hermann Grev(g)en, Kartäuser in Köln († 5. Nov. 1477/1479),[66] fol. 163v–164r, *De sancto Reynoldo martire ac monacho* (übergeschrieben von etwa gleich alter Hand: *Pantaleonis*) *in Colonia*. Ohne die Zusätze von K; mit Erklärung der *Trotmann*-Formen. Die eigene BHL-Nummer 7111 (statt 7110) besagt nur, dass die Hs. am Ende der Reinold-Legende denselben Zusatz hat, den Knörichs Apparat für X (außer Bo) und Z zitiert: *Fuit autem beatus Reynoldus, ut alibi legitur, filius Haimonis ducis Bavarie, qui dicitur fuisse de una sorore Karoli Magni. Hic beatus vir Colonie apud sanctum Pantaleonem factus monachus a cementariis insidiose est martirisatus*. Nicht bei Weifenbach *Haim.*

Wien, ÖNB, Ser. N. 12706, Pergament, Prachths., *Hagiologium Brabantinorum* des Johannes Gielemans († 1487) aus Rubea Vallis/Roo(d) klooster/Rouge-Cloître bei Brüssel, Erster Teil, 1476–1484, fol. 235v–236v. Ohne die Zusätze von K; mit Erklärung der *Trotmann*-Formen. Es handelt sich eindeutig um Bollands (ihm im Original oder in makelloser Abschrift vorliegende) Hauptquelle (s. oben Knörichs Ru). So stammt gleich der laut Knörichs Apparat (Zeile 10) nur bei Bolland zu findende längere Satz über

---

66 Vgl. zu ihm ausführlich Baudouin de Gaiffier, *Le martyrologe et le legendier d'Hermann Greven*, in: *Analecta Bollandiana* 54 (1936), 317–358, speziell zu seinem Todesdatum (p. 318s.) und zu der Tatsache, dass das erhaltene Autograph seines Martyrologiums zwar als Hauptquelle den Drucken Köln 1515 und 1521, nicht aber dem Druck Köln 1490 zugrunde liegt (p. 322–326).

die *Karolidarum stirps* buchstäblich aus dieser Quelle, wobei Bolland in einer Fußnote sogar scharfsichtig bemerkt, der Satz sei wohl aus brabantischem Karolingerstolz zugesetzt. Gegen Textende hat die Hs. einen Zeilensprung von *ecclesiam* (Knörich Zeile 143) auf *ecclesia* (Knörich Zeile 146), den Bolland stillschweigend aus Le oder Li gebessert hat. Hingegen hat Bolland (wie Knörich im Apparat zu Zeile 151–153 richtig bemerkt) den Schluss-Satz über Reinold als Mönch von St. Pantaleon gestrichen, den die Wiener Hs. wie die anderen XZ hat, der aber inhaltlich als Postskriptum erkennbar ist. BHL 7110; nicht bei Weifenbach *Haim*.

b) Zwei hybride Texte: die Verslegende und die ripuarische *Histôrie* (samt ihrer Übersetzung ins Lat.)

Die (lat.) Verslegende (V) und die ripuarische *Histôrie* (H) samt ihrer lat. Übersetzung (G) sind engstens miteinander verwandt und werden deshalb zweckmäßigerweise zusammen behandelt. Beide, V und H, haben dieselbe hybride Grundstruktur: bis zum Stichwort Köln beruhen sie ganz überwiegend (und sporadisch auch danach) auf der niederld.-frühnhd. Epostradition;[67] vom Stichwort Köln an (und spurenweise schon früher) auf der (Prosa-) Legende.[68] Da in Letzterer die fortlaufende Narration auch erst mit Köln beginnt, heißt das: sie beruhen auf dem Grundsatz, notfalls die volksepische Tradition nicht zu verschmähen, möglichst aber der hagiographischen Tradition zu folgen.

---

67 Entsprechend v. 14935 von *Reinolt von Montelban oder die Heimonskinder*, ed. Fridrich Pfaff, Tübingen 1885, aber nach einer etwas älteren Form des Stoffes, unter anderem, weil Reinolds Gattin noch *Claricia*, nicht *Claradys* heißt.

68 Für die *Histôrie* wurde der Kombinationscharakter, wie ihn Pfaff (wie Anm. 67), 528–541, an einer Fülle von Textanklängen zwischen H und dem Epos bzw, der Legende plausibel gemacht hatte, geleugnet von Ostendorf (wie Anm. 23), 47–57, der in H vielmehr einen einheitlichen, sehr alten Text sehen möchte – wohl zu Unrecht; denn zumindest an zwei Stellen wird die Kombination unmittelbar sichtbar. Die erste Stelle ist gerade die Hauptnahtstelle des Ganzen: in Köln tritt Reinold in *Sent Peters cloister* ein. Doch ein Sankt-Peters-*Kloster* gab es im Mittelalter dort nicht, vgl. Keussen (wie Anm. 31), Bd. 1, p. 147*-149*. Es liegt also eine typische additive Kompromisslösung vor: St. Peter (der Dom) als die ranghöhere Kirche aus dem Epos, Mönch als der höhere Sozialstatus aus der Legende. (Vgl. hierzu auch weiter unten G, Anm. 71!) Die zweite Stelle bringt schon Pfaff (p. 530): *de van Dorpmunde* bitten in Köln zunächst (mit der Legende) um irgendeinen Heiligen, unmittelbar darauf (mit der niederld.-frühnhd. Tradition) um ein Glied Reinolds. Die Verslegende umgeht an der ersten Stelle die Schwierigkeit, indem sie (v. 218) nur von *claustrum* spricht, ohne das Kloster mit Namen zu nennen; an der zweiten Stelle, indem sie die Dortmunder bitten lässt um (den oder einen?) *sanctus*, der sie beschützen könne.

V ist in zwei Exemplaren erhalten:

dem Ms. des Florentius de S(ch)ne(c)kis, Subprior von St. Pantaleon in Köln, um 1530, Köln, HAStK Ms. W*9, fol. 350va–355vb (Inc.: *Sequitur alia narratio de sancto Reynoldo et genealogia eius et suorum*), BHL 7112; durch Tintenfraß stark angegriffen, dazu Weifenbach *Haim*. 8.1.1.5, zweiter Teil (p. 294);

und vermutlich aus diesem Ms. kopiert (zu den wenigen Kopiefehlern vgl. Ostendorf [wie Anm. 23], 39):

Brüssel, Bibliothèque Albert Ier, cod. 3440, fol. 364r–367r (olim Burgundische Bibliothek, Ms. 7569, fol. 382r–385r), von Joh. Gamans für die *Acta Sanctorum* an Bolland gesandt, von diesem zwar verschmäht, doch erhalten: *Vita sancti Reynoldi rythmice*. Ed. Heinrich Floß, in: *Annalen des historischen Vereins für den Niederrhein, insbesondere die alte Erzdiözese Köln* 30 (1876), 185–203, in Floß' Zählung 527 Verse (+ nur in Brüssel: 5 Zusatz-Hexameter). Weifenbach *Haim*. 8.1.1.7, zweiter Teil (p. 294).

V beginnt mit einer elaborierten Vorstellung von Reinolts Eltern und Geschwistern (bis v. 50, wohl nach der Prosa-Legende gearbeitet), ist in der Folge aber inhaltlich enger gefasst als H: die Erzählung springt sogleich zu Reinolts Abschied von *Claricia* und den Kindern; in der zweiten Hälfte folgt auf Reinolds Kanonisierung durch Papst Leo keine Erwähnung von Reinolds Kapelle, sondern abschließend nur eine ausgedehnte Anrufung des Heiligen.

V besteht aus 43 stark manieristischen, überwiegend trochäischen, 2x5-zeiligen Sequenzstrophen (8a8a8b8b7c/8d8d8e8e7c), also streng genommen 430 Versen, doch mit zusätzlich fast hundert Binnenreimen, die Floß leider jeweils als eigene Verszeilen absetzt. Zum besseren Verständnis sind abschnittweise kurze Inhaltsangaben in Prosa vorgeschaltet.

Die deutlich über Adam von Sankt Viktor hinaus entwickelte Sequenzstrophe und ihre manieristischen Behandlung lassen faktisch keine Datierung vor 1300 zu. V wird denn auch aus stilistischen Gründen von Ostendorf (wie Anm. 23), 36–41, und Knörich (wie Anm. 40), 79, gleich in den Anfang des 14. Jh. gesetzt. Doch kann eine stilistische Datierung streng genommen immer nur einen *terminus a quo* erbringen; als *terminus ante quem* käme höchstens das Datum infrage, bis zu dem sich ein völliger Geschmackswandel weg von der vorliegenden Form vollzogen hat, hier also wohl erst die volle Herrschaft von Humanismus und Renaissance, in Deutschland jedenfalls nicht vor 1500; damit wäre eine Vorzeitigkeit von V gegenüber H nicht mehr gesichert. Dieser Folgerung entgehen die genannten Forscher, indem sie – wie vor ihnen schon Pfaff (wie Anm. 67), 534, 540 – die Verslegende identifizieren mit jener *historia quae in eius festo decantari consuevit,* von der laut Nederhoff die Dortmunder ein Exemplar, zusammen mit einem Exemplar des *liber de gestis sancti Reynoldi* (d.h. der Prosalegende), a. 1377 dem durchreisenden Kaiser Karl IV. schenkten. Doch lehnt Fiebig (wie Anm. 2), 103, diese Identifizierung entschieden ab, da eine Dichtung vom Umfang der Verslegende in keine Messe und kein Stundengebet hineinpasse; er identifiziert die 1377 über- reichte ,*historia*' vielmehr – und wohl zu Recht – mit dem unter c) zu behandelnden Reimoffizium.[69]

Die *Histôrie van Sent Reinolt* (H) ist nur in einer Hs. erhalten: Köln, HAStK Ms. W* 40 (enthält nur diese *Historie,* 37 p., sorgfältige Abschrift einer älteren Hs.), Papier, zweite Hälfte des 15. Jh., ripuarische Prosa, *Dyt is de historie van sent Reinolt unsen (!) hilgen patroyn.* ed. Alexander Reif- ferscheid, *Zeitschrift für deutsche Philologie 5* (1874), 271–293 (sprachlich manchmal ungenau); ed. Weifenbach, *Reinold* (wie Anm. 2), 198–260. Weifenbach *Haim.* 8.2.1.5 (p. 295) = 1.1.2.2 (p. 216).

In H wird zunächst, ähnlich wie in der Legende, Haimon vorgestellt; sodann hält sich der erste Teil, der trotz Wegkürzung von Einzelheiten etwa zwei Drittel des Ganzen beansprucht, an die niederld.-frühnhd. Epostradition von deren Anfang an, d.h. von der Ermordung von Haimons

---

69 Während die Verslegende zuerst in einer Hs. von etwa 1530 belegt ist, sind vom Reimoffizium vier Hss. schon des späten 15. Jh. gesichert; s. sogleich unter c). Fiebig erinnert zu Recht daran, dass *historia* auch ein liturgiegeschichtlicher Terminus ist, nämlich gerade für ein Reimoffizium mit erzählenden Elementen. – Nicht gegen Fiebig spricht wohl die Tatsache, dass in der Romanistik seit D'Arco Silvio Avalle, *Preistoria dell'endecasillabo,* Milano 1963, speziell 28–43, das Alexiusied (11. Jh., mit seinen 625 Zehnsilbern wesentlich länger als die 1377 erwähnte ,*historia*') als (paraliturgischer) Tropus gilt, der am Alexius-Tag gegen Ende der Matutin vorgetragen wurde. Denn dort geht es um einen muttersprach- lichen Text für die vielen nicht-lateinkundigen Nonnen, die die erzählenden Elemente der lat. Matutin nicht verstanden haben. Die manieristische ,*historia*' hingegen ist zum mündlichen Vortrag weit weniger geeignet.

Neffen Hugo durch Karl auf dessen Hoftag. Der zweite Teil, das letzte Drittel vom Stichwort Köln an, die (leicht dilatierende) Nacherzählung der (Prosa-) Legende, enthält abschließend einige Zusätze. Erwähnt wird nämlich unter anderem (ed. Reifferscheid p. 292 oben, ed. Weifenbach Zeile 605–607), dass Reinold auf den Mauern des belagerten *Dorpmunde* stehend dieses beschützte (Bezug auf 1377, vgl. z.B. Fiebig [wie Anm. 2], 65, Schilp [wie Anm. 5], 41–43); ferner dass in Köln am Ort seiner Ermordung eine schöne Kapelle entstand, mit deren Besuch ein von Rom bestätigter ‚großer Ablass‘ verbunden sei (Bezug auf 1449/1452; zur Sache vgl. weiter unten Abschnitt f)!); dazu erweiterter Schluss: drei Jahre nach seinem Tod wird Reinold auf den Bericht von Karls Boten Ebroneus hin von Papst Leo ‚dem Vierten‘ (gemeint ist: ‚dem Dritten‘) heiliggesprochen, dann lange Aufzählung der Nöte, in denen Reinold helfen kann. Die Erwähnung des Ablasses deutet auf eine Entstehung in Köln nach 1450, vielleicht sogar – wie die Bezeichnung Reinolds als ‚unser‘ Patron – in oder doch für St. Reinold selbst.[70]

Und schließlich die lat. Übersetzung von H: *Hystoria beati martiris Reynoldi* (G), Abschrift vermutlich des frühen 16. Jh. (Papier, nach 1502) im Kontext anderer Mitteilungen zu Sankt Reinold, aufbewahrt in den *Farragines* der Gebrüder Gelenius (um 1645), Köln, HAStK, Best. 1039, Nr. 15/2, fol. 717v-725r, also wohl aus St. Reinold selbst, unbeholfene Rückübersetzung (so Knörich [wie Anm. 40] 117) von H ins Lat., von Ostendorf (wie Anm. 23), 54–57, fälschlich für die Vorlage von H gehalten.[71]

---

70 Man könnte sich wundern, dass die frommen Damen neben dem büßenden Teil von Reinolds Leben auch den weltlichen kennen wollten. Doch dass dem so war, zeigt auch die Tatsache, dass (laut Joh. Bertelius, *Historia Luxemburgensis*, Köln 1605, 197, zitiert nach Arntz et al. [wie Anm. 30], 247) ein Wandgemälde in der Kölner Reinold-Kapelle (offenbar seit der grundlegenden Restauration im 15. Jh.) die vier Haimonskinder auf einem Pferde zeigte. Übrigens war auch in der Rupelrather Reinold-Kapelle (zu ihr weiter unten, Absbschnitt VII h)), ebenfalls seit dem 15. Jh., immerhin der Patron in der Tracht eines Junkers abgebildet (Fiebig [wie Anm. 2], 59).

71 Ein interessantes Detail: jenes *Sent Peters cloister* von H wurde in G zunächst zum *monasterium sancti Petri*, doch *Petri* ist geschwärzt und von anderer Hand *Panthalionis* darüber geschrieben.

Ed. Weifenbach, *Reinold* (wie Anm. 2), 198–259. Weifenbach *Haim.*
8.1.1.6 (p. 294).

Über das bisher Gesagte hinaus haben V und H Gemeinsamkeiten, die
bei ihnen neu auftauchen:[72] so ist *Ivo* (der *Yon* des frz. Epos) König nicht
mehr *von Gascongen lant* oder *uf der Dardone*, sondern von *Tarasconia/
Tarrascônien*; Reinold tötet im Heiligen Land *tres Soldanos/drî soldâne*;
neu in der Handlung sind der historische Bischof *Agilolphus* von Köln
als Erbauer des Domes,[73] gelobt als *virginalis/von iunferlicher reinicheit*,
sowie der frei erfundene Bischof *Ebroneus*, Karls Bote an Papst Leo; und
schließlich sind an den passenden Stellen der Erzählung eingefügt die
Daten von Reinolts Ermordung (4. Mai, in der *Histôrie* mit Jahresangabe
a. 810[74]) und von seiner Auffindung (3. Sept.), beide aus unbekannter

---

72 Zum Folgenden genauer Pfaff (wie Anm. 67), 538s..

73 Agilolf wurde Bischof von Köln zwischen 745 und 747, wahrscheinlich 747,
und amtierte nur kurz, da schon 753 sein Nachfolger (C)Hildegar im Sach-
senkrieg fiel; Agilolf wird sonst nirgends mit Bautätigkeit am Kölner Dom
in Verbindung gebracht. Vom Ende des 10. Jh. an (MGH SS. 13.284, III und
IV, 13.286) situieren ihn nahezu alle Kölner Bischofskataloge richtig *sub
Hilderico rege* (= Childerich III., 743–751), also kurz nach Karl Martells
Tod und klar vor Karl dem Großen; vom 12. Jh. an (MGH SS. 24.327, 348,
359) teilen sie (streng genommen im Widerspruch dazu, unter dem Einfluss
der phantasievollen *Vita Agilolfi*) auch mit, er sei kurz nach Karl Martells
Regierungsantritt als dessen Gesandter an die Insurgenten von diesen ermordet worden. Wie schon Longnon sah (vgl. oben Anm. 16), ist nicht auszuschließen (aber fast zu schön, um wahr zu sein), dass Agilolfs Erwähnung in
Verslegende und *Histôrie* letztlich aus einer Umgebung stammt, die im *Karl*
des Epos noch Karl Martell erkannte. Umgekehrt vermerkt ein später Anno-
tator zur Verslegende (v. 240, gegen das Metrum), statt *Agilolphus* müsse es
wohl *Riulfus* heißen; er bezieht sich damit nicht, wie der Editor Floß will,
auf Riculf von Mainz, sondern auf Riculf von Köln (768–777/782), und zwar
einfach, weil dieser unter den Kölner Bischöfen der älteste Zeitgenosse Karls
des Großen war.

74 Der begleitende Prosatext zur Verslegende nennt stattdessen den 14. Mai 800.
Offenbar hatte eine Vorlage *anno domini DCCC X IV maii*, wo X teilweise zum
Vorhergehenden, teilweise zum Folgenden gezogen wurde. Fiebig (wie Anm. 2),
102, und schon Adolph Thomas (wie Anm. 34), 16s., halten den 14. Mai sogar
für das Ursprüngliche, aber mit unklarer Begründung.

Quelle, vielleicht willkürlich – allerdings mit dem Unterschied, dass der dritte und im Falle Reinolds einzige liturgisch begangene Tag, die Ankunft in Dortmund (7. Jan.), in H aus der Legende übernommen ist, in V hingegen fehlt.[75]

75 V hinterlässt Fragen zu Datum und Ort seiner Entstehung. Zum Datum: v. 467–471 feiern Reinold als Stadtbeschützer (*hostium fugator*, *defensor* und *orator* ,Fürbitter' seiner Verehrer in ihren schlichten Wohnstätten); die entsprechende Stelle in H (p. 292 oben ed. Reifferscheid, Zeile 605–607 ed. Weifenbach) feiert ihn als ,auf der Mauer stehenden Stadtbeschützer', bezieht sich also auf die Belagerung Dortmunds von 1377; klingt dieser Bezug nicht auch schon in V durch? – Was ist Taraskonien? Tarascon-sur-Ariège südlich von Toulouse passt geographisch, war aber immer nur eine *châtellenie* ohne besondere Ausstrahlung. Tarascon-sur-Rhône, geographisch weniger geeignet, im 14. Jh. noch bedeutungslos gegenüber seinen Nachbarn Arles und Avignon, wurde bekannt durch sein im frühen 15. Jh. erbautes monumentales *château*, dann europaweit als eine Lieblingsresidenz (1434–1480) des Königs René von Neapel, Grafen von Anjou und Provence, 1431–1453 durch Ehe auch Herzogs von Lothringen, der möglicherweise aus vereinfachter deutscher Sicht Inbegriff eines ,Königs in Südfrankreich' war. – Zum Ort der Entstehung: die Person des Kölner Bischofs Agilolf sowie die Jahrestage von Reinolds Ermordung und Auffindung sind primär interessant aus Kölner, nicht aus Dortmunder Perspektive. Auch das Fehlen des Translationstages in V ist in Köln verständlicher als in Dortmund. – Laut Pfaff (p. 530) hat H das Epos, die Legende und V „zusammengeschweißt"; ist es nicht einfacher, die Beziehung zwischen H und V umzukehren – vorausgesetzt, man hält das stilistische Argument für genügend dehnbar? H enthält mehrfach Irrtümer, die V verschweigt: zu *sent Peters clo*ister s. oben Anm. 68; zu Leo ,dem Vierten' oben den Haupttext; noch überraschender ist die Behauptung (ed. Reifferscheid p. 288, ed. Weifenbach Zeile 490s.), Bischof Agilolf von Köln sei für Karl Verwalter Galliens gewesen. Solche Stellen sind erträglich, wenn sie in einer detailreichen Erzählung wie H hier und da unterlaufen (und von dem gebildeteren V eliminiert werden); sie wären es weniger, wenn V Vorlage von H wäre und Letzterer sie schwatzhaft jeweils nur durch Irrtümer ergänzte.

c) Das Reimoffizium

Das Reimoffizium *Historia Reynoldi martyris* (also die Stundengebete des Reinoldustages einschließlich der *lectiones*, für Klöster, die diesen Tag feierlich begingen) wurde erst 1956 von Fiebig[76] in die Forschung eingeführt. Er hält dieses Offizium (und nicht die soeben behandelte Verslegende) für identisch mit jener *historia quae in eius [scil. Reynoldi] festo decantari consuevit*, die laut Nederhoff (um 1440–1450, s. oben) neben einem *liber de gestis sancti Reynoldi* (vermutlich der Prosalegende, s. oben) von den Dortmundern dem 1377 durchreisenden Karl IV. geschenkt wurde.

Bekannt sind vier Exemplare, alle aus dem späten 15. Jh.: das Offizienbuch von St. Andreas zu Köln ist verloren; das Gebetbuch aus der Kölner Kartause (Köln, HAStK, W oct. 28, fol. 53v–54v) ist stark gekürzt (speziell um alle *lectiones*); das Brevier von St. Reinold in Köln (Darmstadt, Universitäts- und Landesbibliothek, Ms. 869, fol. 239a–240a), von a. 1477, hat durch Herausreißen Anfang und Schluss des Offiziums verloren.

Das vierte Exemplar, Bonn, UB, S 2948, *Liber usualis* (Antiphonar), enthält das Reimoffizium auf den letzten sieben Blättern in einem zweiten Nachtrag (fol. 279–285); von Fiebig für dortmundisch gehalten, stammt es vielmehr aus St. Kunibert in Köln. Nur in ihm sind die gesungenen Teile mit Noten versehen (Hufnagelnoten auf fünf Linien), die *lectiones* hingegen zusammen ans Ende gestellt, aber nur bis mitten in die sechste erhalten, da auch dieses Buch Fragment ist; und zwar dient als *lectiones* einfach der Text der Prosalegende (hier bis Knörich Zeile 43, ein Y-Text, der aber der Hs. K deutlich vorgelagert ist; ,die Dortmunder' heißen ohne Erklärung *Trotamanni* [sic], der Stadtname selbst kommt nicht vor). Außerhalb der *lectiones*, also in den lyrisch-preisenden Teilen, ist der Gehalt an historischer Information nahezu Null. Ed. Fiebig (wie Anm. 2), 111–120, 195; ed. mit Faksimile der Noten-Teile: Thomas Schilp, *Ein Reimoffizium zum Fest des heiligen Reinoldus aus St. Kunibert in Köln*, in: Schilp/Weifenbach (wie Anm. 3), 157–170.

---

76 Fiebig (wie Anm. 2), 103–120.

d) Martyrologien und Ähnliches

In Martyrologien wird Reinoldus vereinzelt seit dem 15. Jh. verzeichnet.[77] Dabei ist das Martyrologium des 1477/1479 verstorbenen Kölner Kartäusers Hermann Grev(g)en (erster bekannter Druck, mit gewissen Erweiterungen, Köln 1515, oft kurz *Martyrologium Coloniense* genannt) das erste Martyrologium, das Reinold als Mönch von St. Pantaleon bezeichnet; die auffällig ausführliche Notiz zum 7. Januar, die im Wesentlichen der Prosalegende folgt, lautet: *Tremoniae in dioecesi Agrippinensi translatio sancti Reynoldi monachi et martyris. Qui clarissimis ortus natalibus et in armis strennuus* [sic], *Coloniae sancti Pantaleonis factus est monachus vita et miraculis clarus: a caementariis, quibus a suo abbate praefectus fuerat, occisus, in lacum proiectus est, unde Domino revelante extractus, Trimoniensibus datus fuit.* Grevens Text wandert dann fast buchstäblich in mehrere bekannte Martyrologien, so in Molanus' berühmte Ausgabe des *Martyrologium Usuardi* (1573, hier nur in Kleindruck, aber leicht erweitert), in das aufgrund seiner Deutschsprachigkeit so genannte *Martyrologium Germanicum* (Dillingen 1573, mit Vorrede von Petrus Canisius) und sogar in das *Martyrologium Sanctae Romanae ecclesiae usui accomodatum* des päpstlichen Protonotars Petrus Galesinius (Venedig 1578). In der endgültigen Form des *Martyrologium Romanum* (1583/1584/1586) kommt Reinold nicht vor, wohl aber in dem als Ergänzung dazu konzipierten *Generalis Catalogus Sanctorum qui in Martyrologio Romano non sunt* des Ferrarius (Venedig 1625). Mit einem ätzenden Kommentar, der seine bloße Existenz in Zweifel zieht, wird Reinold erwähnt im *Martyrologium sanctorum ordinis Divi Benedicti* von Hugues Ménard (Paris 1629, p. 174), wie denn die Mauriner sich auch in den *Acta Sanctorum ordinis Sancti Benedicti* (saec. V, p.336) durch Schärfe von Bolland glauben distanzieren zu müssen.

Hier anschließen lassen sich aus der Zeit vor 1650 drei weitere Autoren mit Nennungen Reinolds. Johannes Trithemius († 1516), der in seiner Jugend unter anderem in Köln studiert hatte, nennt 1492 in seinem *De viris illustribus Ordinis Sancti Benedicti* (III, cap. 249) Reinold einen *monachus*

---

77 Hierzu und zum Folgenden stütze ich mich, mit gebührender Nachprüfung, speziell auf Fiebig (wie Anm.2), 100s., und auf Ostendorf (wie Anm. 23), 2–8.

conversus monasterii sancti Pantaleonis.[78] Arnoldus Wion aus Douai widerlegt in seinem *Lignum Vitae* (Venedig 1595) sogar den möglichen Einwand, zu Reinolds Zeit habe es noch kein Pantaleon-Kloster gegeben.[79] Der Kölner Ägidius Gelenius schließlich schreibt 1645:[80] *Eiusdem loci (scil. Sancti Pantaleonis) Monachus fuit S. Reinoldus martyr, qui cum opificibus & murarijs in structura sacrae aedis Prȩfectus esset, & Mechanicos segniores ad labores ursisset, offensa eorum incurrens, ab ijsdem in fossam Vrbis occultè praecipitatus est [...].*

78　Von Ostendorf (wie Anm. 23), 12, zitiert nach dem Druck Köln 1575, III, 249.

79　Ostendorf (wie Anm. 23), 8–11.

80　*De admiranda sacra et civili magnitudine Coloniae [...]*, Köln 1645, im Kapitel über die *Abbatia SS. Panthaleonis, Cosmae et Damiani* (p. 362). Über eine zweite Nennung (p. 576) siehe weiter unten.

e) Marginale Zeugnisse

Sie bieten so gut wie keine zusätzliche Information, sodass ein kurzer Hinweis genügt:

Weiteres verstreutes Gebetsgut, teils zum liturgischen Gebrauch in Kirchen, die den Reinoldustag nicht als Fest begingen, sondern nur kommemorierten, teils zum privaten Gebrauch, bei Fiebig (wie Anm.2), 55s., 121–127, 129s.

Eine Festmesse im *Missale diocesis Coloniensis*, Paris 1520 und Paris 1525, für den Kölner Buchhändler Franz Birckmann bzw. seinen Bruder Arnold Byrckmann, bei Fiebig (wie Anm.2), 130–136 mit Ed. 133–136. (Möglicherweise schon in der Ausgabe 1514, die Fiebig nicht kannte.)

In den liturgischen Kalendarien, Brevieren u.ä. wird Reinoldus vereinzelt verzeichnet seit 1346 (Kalendarium von St. Kunibert in Köln), allmählich häufiger im Verlauf des 15. Jh. (Kölner Brevier auf Pergament, erstes Viertel des 15. Jh.), vgl. Fiebig (wie Anm.2), 99s., auch Ostendorf (wie Anm. 23), 1s.

Für die Reinoldus-Ikonographie sei verwiesen auf Fiebig (wie Anm.2), 137–194, und auf Weifenbach (wie Anm. 2), 151–174 (beide gut bebildert).

f) Die drei Phasen der Sankt-Reinold-Verehrung

So weit also die schriftlichen Zeugen der Reinold-Verehrung. Wie man sieht, entfaltet diese sich zeitlich-räumlich in drei Phasen:

Die erste Phase, bis etwa ins 13. Jh., wird völlig von Köln bestimmt – einfach, weil dort das Martyrium stattfand und unter anderem in Gestalt der Reinold-Kapelle mit Klause in Erinnerung gehalten wurde.

Die zweite Phase wird von Dortmund bestimmt: sie kann, für uns zunächst unsichtbar, schon mit der Translation begonnen haben; doch mit großer Wahrscheinlichkeit wurde in Dortmund, vor dem Hintergrund seines Aufstiegs zum gefeierten Stadtpatron, Reinolds Legende im 13. Jh. schriftlich fixiert, wie sie sich dann auch in der städtischen Pseudo-Geschichtsschreibung (Chronik der Pseudo-Rektoren, spätes 14. Jh.) und Geschichtsschreibung (Nederhoff, Mitte 15. Jh.) spiegelt.

Die dritte Phase, im 15. Jh. beginnend, ist wieder eine kölnische. Von 1483 an ist sie gekennzeichnet durch Köln als eines der großen Inkunabel-Zentren. Doch reicht sie deutlich zurück bis etwa in die Mitte des Jahrhunderts und ist nicht zu trennen von einer essenziell stadtkölnischen Reinold-Renaissance. Diese begann 1447, als die bisherige Kanonisse Margarete von Waldecken aus St. Maria im Kapitol als neue Oberin in die verarmte Klause eintrat und die strengere Regel der Augustinerinnen einführte. Während die Klause vorher nur von einem einzelnen Ablass profitierte, den 1415 der Bischof von Köln verliehen hatte, erwirkte Margarete 1449 und 1452 für die Klause die Verleihung namhafter Ablässe durch römische Kardinäle zu allen Festen des Herrn, Mariens, Johannes des Täufers, der Apostel Peter und Paul und Reinolds selbst, sodass viele Köln-Pilger nun auch die Klause besuchten; die Zahl der Klausnerinnen konnte von vier auf zwölf erhöht und 1460 und zusätzlich 1478 je ein Nachbarhaus angemietet werden.[81]

Aus dem Umkreis – zumindest dem weiteren Umkreis – der Klause muss, wohl nicht lange nach 1450, die ripuarische *Histôrie* hervorgegangen sein. Wenn von den erhaltenen vier deutschsprachigen Handschriften

---

81 Vgl. Fiebig (wie Anm. 2), 49s., Weifenbach (wie Anm. 2), 198 Zu einer gewissen Ausstrahlung dieser stadtkölnischen Reinold-Renaissance auf das nördliche Umland vgl. unten den Abschnitt 4f) *Rupelrath* sowie Fiebig p. 54.

der eigentlichen Legende die drei genau datierbaren aus den Jahren 1460, 1462 und 1463 stammen, gehört auch das zweifellos in diese Reinold-Renaissance. Alle vier repräsentieren dieselbe Übersetzung, und, mit möglicher Ausnahme der als moselfränkisch geltenden Handschrift, sind sie ripuarisch, nicht westfälisch, deuten also auf Köln, nicht auf Dortmund. Ripuarisch ist schließlich auch die jüngere Übersetzung im Kölner *Duytschen Passionail* von 1485.

Bezieht man auch die lateinische Überlieferung ein, so kann man für die Zeit etwa zwischen 1460 und 1530 eine eindrucksvolle Streuung der Textzeugen über die ganze damalige Stadt feststellen: im damaligen Westen überliefern uns die (nunmehrigen) Augustinerinnen von St. Reinold die ripuarische *Histôrie* und ihre Latinisierung sowie das Reimoffizium, im Südwesten St. Pantaleon (Florentius de S(ch)ne(c)kis) die lat. Prosa- und die Verslegende, im Süden die Kartause von St. Barbara (Hermann Greven) die lat. Prosalegende, das Reimoffizium und die ausführliche Eintragung in die von dort ausgehenden Martyrologiumsform; im Südosten unmittelbar neben St. Maria Lyskirchen druckt Ulrich Zells Offizin die erweiterte *Legenda aurea*;[82] im damaligen Osten an der Marspforte geht aus Ludwig von Renchens Offizin *Das duytsche Passionail* hervor;[83] einige Hundert Meter weiter nördlich, hinter dem Dom in ihrem Haus *in pingui gallina* (heute Unter Fetten Hennen), sitzen die Internationalisten unter den Kölner Buchhändlern, die Birckmanns,[84] und lassen in Paris unter anderem zweimal ein Missale für die Kirchenprovinz Köln mit einer Reinoldus-Festmesse drucken; im Nordosten der Stadt überliefern uns St. Andreas und weiter draußen St. Kunibert beide das Reimoffizium, im Nordwesten die (nunmehrigen) Augustinerinnen von Schelen die ripuarische Übersetzung der Prosalegende.

---

82 Vgl. Johann Jakob Merlo, *Ulrich Zell, Kölns erster Ducker*, posthum ed. von Otto Zaretzky, Köln, Stadtbibliothek, 1900, 16–19, 44 (Nr. 133), 47s., Wolfgang Schmitz, *Die Überlieferung deutscher Texte im Kölner Buchdruck des 15. und 16. Jahrhunderts*, Habil.-Schrift Köln 1990, 311–315 (speziell weitere Lit. zu Zell 311 Anm. 307).

83 Vgl. Joachim Schüling, *Der Drucker Ludwig von Renchen und seine Offizin*, Wiesbaden, Harassowitz, 1992, 2–6 und 84.

84 Im Haus Blankenberg (‚zo der vetter hennen‘), Keussen (wie Anm. 31), Bd. 1, p. 312 b6; vgl. Schmitz (wie Anm. 73), 458–467.

Parallel zu dieser Pflege der hagiographischen Tradition um Reinold fehlte übrigens in Köln auch die Beschäftigung mit der epischen Tradition nicht ganz. In der Sankt-Laurenz-Pfarre gab es nicht nur seit spätestens 1332 und noch 1589 das Haus Rosbejart;[85] wahrscheinlich nur zwei Ecken weiter im Hause Ederen, nämlich noch in der Offizin seines wenige Monate vorher verstorbenen Vaters, druckte 1493 Johann Koelhoff der Jüngere *Die historie van den vier heimschen Kinderen,* aus dem Niederld. notdürftig ‚verkölscht‘, aber damit immerhin der erste deutsche Druck aus dem Reinold- bzw. Haimonskinder-Kreis.[86]

-

---

85 Vgl. Anm. 32.
86 Vgl., speziell zur Sprachform, Rita Schlusemann, *Die vier ‚Heymschen kinderen‘ und Karl in Köln,* in: *Niederdeutsches Wort* 46 (2006), 221–252.

VI. Vergleich: Die Hagiographie und der Schlussteil des Epos

Wir sind nun imstande, den Reinoldus der Prosalegende – als des Haupt-stücks des beschriebenen hagiographischen Korpus – mit dem Renaut des Schlussteils des Epos zu vergleichen. Das frz. Epos erfassen wir, sozusagen sicherheitshalber, nach beiden gängigen Editionen: nach der Edition des Ms. Douce (D, Oxford, Bodl. Douce 121, Anfang bis Mitte 13. Jh.) von Jacques Thomas (Genf 1989) mit dem ältesten erreichbaren, gedrängten und noch recht schmucklosen Text (insgesamt 14310 Verse) und nach der Edition des Ms. La Vallière (L, Paris B.N. fr. 24387, 13., vielleicht erst Anfang 14. Jh.) von Ferdinand Castets (Montpellier 1909) mit einem auf Schritt und Tritt amplifizierten (oft sogar umgearbeiteten) Text (von 18489 Versen). Einen Kontrollblick müssen wir ständig auch auf deren Weiter-entwicklung, das niederld.-frühnhd. Epos, werfen; da vom ursprüngli-chen niederld. Text nur Fragmente erhalten sind (weniger als 15% des Gesamttextes), halten wir uns stattdessen, wie in der Nederlandistik nicht unüblich,[87] an die älteste erhaltene Vollform (15388 Verse), den deutschen *Reinolt von Montelban*, ed. Fridrich Pfaff (Tübingen 1885).

a) Der Reinoldus der Hagiographie als Sohn des epischen Haimo

Mit einer erklärbaren Ausnahme betonen alle Textzeugen der Legende ein-leitend Reinolds Herkunft aus dem Hochadel, nennen zumindest seinen Vater Haimo als einen großen Kämpfer, dessen vier Söhne durch vulgär-sprachliche Lieder[88] allgemein bekannt seien. Die Ausnahme, das *Duytsche*

---

87 Vgl. Irene Spijker, *Aymijns kinderen hoog te paard*, Hilversum 1990, 39–42.
88 Der Autor der handschriftlichen ripuarischen Übersetzung allerdings brachte es nicht ganz über sich, *(per) vulgares cantilenas* hier positiv zu sehen, und änderte wenigstens ab in *(overmytz) der werentlicher lietter* ,durch die weltliche Literatur', so die Hss. Köln und London, woraus die Hss. Paris und Berlin ein unsinniges *overmitz de wercken ind litteren* machen.

passionail, das auch sonst durch Kürzungen auffällt, attestiert Reinold immerhin ‚edle Eltern'.[89]

Die Identifikation ist eine gegenseitige, nichts deutet auf irgendeinen Zweifel an der Identität. Nicht nur identifiziert das frz., dann auch niederld.-frühnhd. Epos durch seinen Kölner, anschließend Dortmunder Schlussteil seinen Helden mit dem Heiligen, woraus hervorgeht, dass selbst die älteste *erhaltene* Version des Epos (D), jünger ist als der Reinold-*Kult* in Köln und Dortmund;[90] sondern auch umgekehrt identifiziert die Legende den Heiligen mit dem Epenhelden, und da von einer ‚allgemeinen Bekanntheit' des Epenhelden erst mit Bezug auf das ausgereifte Epos, nicht auf dessen latente Vorstufen die Rede sein kann, heißt das, dass die erhaltene *Redaktion* der Legende erst dem 13. Jh. zuzuweisen ist.

Da ferner das ausgereifte Epos unter Karl eindeutig Karl den Großen, nicht mehr Karl Martell versteht, gilt dies im Prinzip auch für die Legende. Doch folgt für diese nichts daraus; denn Reinolts ehemals prominente Stellung in der Welt ist für sie ja nur als Hintergrund *e contrario* von Bedeutung, von dem sich sein Büßerleben umso deutlicher abhebt. Nachdem die Legende also Reinolds Herkunft gebührend verortet hat, interessiert sie sich nicht weiter für den weltlichen Teil seines Lebens, ja nicht einmal für die Anfänge seines Büßerlebens; denn sie übergeht seine Fahrt ins Heilige Land – wahrscheinlich, weil diese sowohl in den frz. Versionen als auch im niederld.-frühnhd. Epos essenziell als militärische Befreiung Jerusalems geschildert wird, also trotz der Bußintention noch seinem militärischen

---

89 Als Einzelperson bezeugt auch Bolland in seiner *Praefatio* § 3 schärfsten Zweifel an der frz. Renaut-Epik; er lässt aber im dann folgenden Text der Legende die bezüglichen Aussagen durchgehen. Gamans, der glücklose Zuträger der Verslegende, war da offensichtlich schon toleranter.

90 Was heute allgemein anerkannt wird: „on lit plus loin [nämlich am Ende des Epos, G.A.B.] que les restes de Renaut reposent dans cette ville [scil. *Trémoine* ~ Dortmund], et, surtout, – selon le dernier vers avant les clauses finales – que *Saint Renaut a a non en icele regné* (155r) [= D, v. 14305]. Aucun doute n'est possible: la plus ancienne version conservée fait état d'un culte qui lui est antérieur […] Porte ouverte sur la préhistoire du texte …" – so Jacques Thomas, *Signifiance des lieux, destinée de Renaud et unité de l'œuvre*, in: *Romanica Gandensia* 18 (1981), 7–45, hier 33, mit Hinweis auf Fiebig (wie Anm. 2), passim.

Leben zugerechnet werden konnte. A fortiori ignoriert sie dann das letzte weltliche Intermezzo des Epos, Renauts Fahrt nach Paris samt dem Duell seiner Söhne (bzw. seines Sohnes in der niederld.-frühnhd. Version) gegen eine neue Verrätergeneration. Vielmehr wendet sie sich sogleich nach Köln, dem Ort seines künftigem Martyriums.

Von nun an spielt die Handlung im deutschen Sprachgebiet. Da dürfen wir von dem frz. und selbst von dem niederld. Epos nur noch eine sehr rudimentäre Ortskenntnis erwarten; umso genauer sollte hingegen die Legende zu der jeweiligen örtlichen Tradition passen. Nicht zuletzt dieser Unterschied verleiht ihr gegenüber dem Epos einen Eigenwert, vielleicht darf man hier sogar sagen: einen Mehrwert.

b) Absolute Daten?

Abgesehen von dieser Situierung des Ganzen in die Zeit Karls des Großen geben weder das Epos noch die Legende absolute Jahresdaten an, ein Fehlen, das man für beide Gattungen als normal bezeichnen kann.

Wohl aber nennt die Legende den 7. Januar als Tag der Ankunft der Reinoldreliquien in Dortmund. Solche in der Hagiographie auf Schritt und Tritt begegnenden Tages- ohne Jahresangaben sind notwendig, aber auch hinreichend dafür, dass jährlich an diesem Tage des bzw. der betreffenden Heiligen gedacht wird. Dass hier der *dies natalis*, also der Todestag des Heiligen, und der Tag seiner *inventio* ungenannt bleiben gegenüber dem Tag sein *translatio*, deutet, wie schon Fiebig sah, auf Dortmund als den Ort der Redaktion der Legende.[91]

---

91 Erst spätere Texte, hier V und H, werden datensüchtiger; vgl. oben Abschnitt VI.b)! – Der Vollständigkeit halber sei noch erwähnt, dass die brabantisch-haspengauische, später auch batavische historische Schwindelliteratur des späteren Mittelalters und des Humanismus die Haimonskinder in die Zeit zwischen etwa 450 und 600 versetzte; vgl. Pfaff (wie Anm. 39), p. XVI, Knörich (wie Anm. 40), 83s.; des Cornelius Aurelius *Batavia*, ed. Vulcanius, Leiden, Plantin, 1586, p. 10, jetzt online im MDZ-Reader. Hierher gehört ferner die Datierung auf a. 495, die Bolland in einer Hs. des *Florarium temporum* von 1472 antraf. – Unklar schließlich bleibt in der Koelhoffschen Chronik von 1499, p. 399 ed. Cardauns, der Ursprung der Angabe *Anno dni 697: In der zit starf sent Reinoldus*. Anzuschließen ist sie wohl über einen Rechen- oder Abschreibefehler entweder an den Agilolf-Strang oder an jene Schwindelliteratur.

c) In Köln: Reinold nicht weltlicher Bauarbeiter, sondern Mönch, der Heilungswunder auslöst, dann Bauaufseher

Im Epos, und zwar sowohl in den frz. Varianten (D, L) als auch in der nie-derld.-frühnhd. Version, verdingt sich Reinold in Köln sogleich anonym als Hilfsarbeiter, im Wesentlichen als Stein- und Mörtelträger, beim Kirchbau. Jene große Körperkraft, die er als Kämpfer rückhaltlos einsetzte, will er nun ebenso rückhaltlos an einem gottgefälligen Werk einsetzen: so könnte man sein Ideal eines Büßerlebens definieren. Weil er dann Lohn nur für sein Lebensminimum annimmt, nennt man ihn *l'o(u)vrier Saint P(i)er(r)e, sente Peters man/sant Peters werkmann*; doch weil er an Leistung seine Kollegen um ein Mehrfaches übertrifft, fürchten diese um ihre Arbeitsplätze und brin-gen ihn um. Gottes Bestätigung, wie sehr seine Arbeit in Köln gottgefällig war, empfängt er erst im Martyrium selbst.

In allen Textzeugen der Legende hingegen geht Reinold nach Köln, um dort sogleich Mönch zu werden, offensichtlich ohne seine Identität zu ver-schleiern. Handelt es sich um eine sekundäre Klerikalisierung der Legende, mit dem Ziel, Reinolds Ruhm einem Kloster dienstbar zu machen? Ich glaube nicht. Denn diese konventionellere Entscheidung Reinolds hat ja die mittelalterliche Lebenswirklichkeit und damit die historische Wahr-scheinlichkeit für sich. Abgesehen vielleicht von dem besonderen Bereich der Krankenpflege, dürfte es schwerfallen, Adlige des Mittelalters zu finden, die als Form der Lebensbuße eine körperliche Arbeit, wie gottgefällig auch immer, ohne Eintritt in einen Orden gewählt hätten. Empfand man sein bisheriges weltlich-ritterliches Leben als sündhaft, so trat man in einen Orden ein.

Doch eben, weil dieser Entschluss der konventionellere ist, bedarf er umso mehr der Bewährung. Und Reinold lässt es daran nicht fehlen: indem er ganz in seiner Liebe zu jenem aufgeht, ‚dem zu dienen, herrschen ist‘, gewinnt er nicht nur die Sympathien aller, mit denen er zusammenkommt, sondern Gott tut auf sein Gebet hin auch eine Reihe von Heilungswundern.

Es ist eine kunstvoll gesteigerte Reihe: sie beginnt mit der Heilung von Krüppeln, Tauben und ‚gewissen‘ Blinden, umfasst ‚nach der Aussage vie-ler, die es selbst gesehen zu haben versicherten‘ die Totenerweckung eines Jünglings mit Rückgabe an die Mutter, dann die abrupte Heilung einer vieljährigen Fieberkrankheit mit jubelndem Gotteslob des weggehenden

Geheilten – bis hierher erkennt man das Vorbild der Evangelien; die Reihe kulminiert dann darin, dass Gott auf Reinolds Fürbitten hin in einem benachbarten Landstrich einer Pest ein Ende setzt. In der Legende hat diese Aufreihung eine wichtige Doppelfunktion. Zum einen verbindet sie die Vergangenheit mit der Gegenwart: wie Reinold einst in seinem weltlichen Leben Wunden und Tod in Fülle schuf, so schafft Gott jetzt auf seine Fürbitte hin Heil und ‚Leben in Fülle'. Zum anderen lässt die Aufreihung aus der Gegenwart heraus die Zukunft erahnen: wer in dieser Weise *zunehmend* in der *imitatio* der irdischen Heilstaten Christi leben darf, dem wird es bestimmt sein, in der *imitatio* auch der letzten, größten Heilstat Christi zu sterben.

Außerdem leistet diese Aufreihung noch etwas Trivialeres, aber Wichtiges: indem sie Reinold so nachdrücklich als ‚Gott und den Menschen genehm' schildert, stellt sie sicher, dass sein späteres Verhältnis gegenüber den Bauarbeitern nicht *in malam partem* als unmenschlich streng gedeutet wird.

Erst nach geraumer Zeit – man kann an Jahre denken – setzt Reinolds Abt ihn als *lapicidarum magister* ein, als Meister der Bauarbeiter. Wie das heutige ‚Meister' lässt *magister* zwar die Möglichkeit des Mit-Anpackens offen, und daran hat wohl Trithemius gedacht, wenn er Reinold ausdrücklich einen *monachus conversus* nennt; doch primär drückt das Wort die Überordnung und Weisungsgewalt aus, sodass Gelenius betonen kann, Reinold habe die *segniores* ‚Trägeren' nachhaltig ermahnt.[92] Wie dem auch sei – da Reinold *plus aliis laboraret* ‚mehr als die anderen arbeitete', zieht er sich auch hier deren Hass zu, der in seiner Ermordung gipfelt.

92　Zu beiden s. oben den Abschnitt ‚Martyrologien und Ähnliches'.

d) Nicht der Dom, sondern Sankt Pantaleon und Sankt Reinold

Im Epos, und zwar sowohl in den frz. Varianten (D, L) als auch in der niederld.-frühnhd. Version, ist mit der Kirche von St. Peter (D, v. 14148, L, v. 18007, *Reinolt* v. 15012), an deren Bau Renaut mithilft, der Kölner Sankt-Peters-Dom gemeint, essenziell schon an der heutigen Stelle, nur etwa 200 m vom Rhein entfernt.[93] In D (und in der niederld.-frühnhd. Version) folgt dies zur Genüge daraus, dass die Mörder Reinolds Leiche, deren sie sich ja möglichst schnell und unauffällig entledigen müssen, in den Rhein (D, v. 14226, *Reinolt* v. 15060) werfen; so auch in L (v. 18173), wo zudem *saint Perre* ausdrücklich *le mostier principal* heißt und von Reinold gleich nach seiner Ankunft zum Gebet vor den Heiligen drei Königen aufgesucht wird (L, v. 18007–18009) – Letzteres ein geradezu charmanter Anachronismus; denn deren Gebeine wurden ja erst 1164 durch Erzbischof Rainald von Dassel aus Mailand in den Kölner Dom geholt. Der Mord selbst findet wenn auch nicht genau an der Arbeitsstelle, so doch in einem unmittelbar benachbarten Winkel statt (*reculee* D, v. 14210; *anglet* L, v. 18166), wo Reinold sein Stück Brot zu verzehren pflegt; während er dabei nichts ahnend ein Gebet spricht, findet er den Tod durch einen Steinwurf (D) bzw. durch Hammerschläge (L).[94]

Diese Erzählung ist zwar in sich stimmig; doch um sie zu ersinnen, brauchte man nur einige allgemein bekannte Elemente zusammenzusetzen. Denn da man im Mittelalter eine Kirche in aller Regel auch im alltäglichen Gespräch nach ihrem Patrozinium benannte, darf auch das Peters-Patrozinium des Kölner Doms als allgemein bekannt gelten, und dass der Dom in Rheinnähe lag, war weithin sichtbar und wohl wie heute fast jedem gegenwärtig, der

---

93 Wenn ich richtig sehe, ist die Wissenschaft abgekommen von der Hypothese, dass in Köln der frühchristliche Dom (bis in Karls des Großen Zeit) vielmehr im antiken Zentrum der Stadt gestanden haben müsse, etwa bei St. Cäcilien und damit bei der seit dem 12. Jh. belegten *Pfarrkirche* St. Peter. Selbst wenn er dennoch in der Frühzeit dort gestanden haben sollte, kann er im Epos nicht gemeint sein; denn dann wäre der Rhein mehr als 800 m entfernt, käme also schwerlich zur schnellen Beseitigung der Leiche infrage. Für den heute so genannten Alten Dom, der im frühen bis mittleren 9. Jh. entstand, ist essenzielle Identität der Lage zum heutigen (seit 1248 gebauten) Dom sicher.

94 Also ähnlich wie bei Mousket, nur dass es um einen kirchlichen, nicht weltlichen Bau geht; vgl. oben ‚Das Dossier des Heiligen Reinoldus vor 1300‘, Punkt 6).

von der Stadt auch nur die rudimentärste Vorstellung hatte. Die Erzählung passt also durchaus zu einem frankophonen Autor ohne nähere Beziehung zu Köln. Gravierender ist, dass sie, indem sie Reinolds Tod nahe dem Rheinufer und damit nahe dem Ostrand der damaligen Stadt lokalisiert, diametral der gesamten Kölner Tradition widerspricht, derzufolge, wie wir gesehen haben, Reinold sein Martyrium westlich der Stadt erlitt.[95]

Damit zur Legende! Zwar bezeichnet ihr kritischer Text das Kölner Kloster, in das Reinold eintrat, nicht näher; doch hat schon Knörich diese Vagheit plausibel daraus erklärt, dass der Text in Dortmund, nicht in Köln redigiert wurde.[96] Dadurch bleibt der Pantaleon-Bezug der Legende (seit Aubri de Troisfontaines bzw. Maurice de Huy) etwa zwei Jahrhunderte latent. Umso eindrucksvoller sein Wiederauftauchen in der Überlieferung zwischen 1450 und 1500: schon der Kölner Kartäuser Hermann Grev(g)en († 1477/1479) nimmt Sankt Pantaleon auf in den Schluss-Satz seiner Abschrift der Legende (um 1460), dann in sein etwas jüngeres Martyrologium, von wo die Mitteilung in andere Martyrologien von Löwen bis Venedig weiterwandert; zwischen 1480 und 1485 finden wir sie ferner in zwei Kölner Drucken (Libers Anhang zur *Legenda Aurea, Duytsches Passionail*), fast gleichzeitig in Brabant sowohl gedruckt (Löwen 1485) als auch in einer Prachthandschrift (Rooklooster vor 1484), bald auch in einer zweiten Handschrift (Vlimmer 1497); schließlich 1492 bei Trithemius. Bei keinem dieser Textzeugen gibt es Indizien für eine Beeinflussung durch das Sankt-Pantaleon-Kloster selbst; ihm gehört erst um 1530 Florentius an.[97] Man darf also die Identifizierung des Klosters als Sankt Pantaleon als festen Bestandteil der Legende, nicht als spätere Zutat, ansehen.

Die Bauarbeiter stehen offensichtlich im Sold des Klosters, ohne dass man über das Objekt ihrer Tätigkeit Genaueres erfährt; eben deshalb wird man am ehesten an laufende Arbeiten für das eigene Kloster und dessen Kirche denken (etwa Erweiterungen, Reparaturen u.ä.). Die Steine, deren Heranschaffen die Hauptmühe darstellt, können z.B. aus einer der vielen römischen Ruinen stammen, die noch über das Gelände außerhalb und selbst über Teile innerhalb der Ummauerung verstreut lagen.

---

95 Vgl. oben, ‚Das Dossier des heiligen Reinoldus: vor 1300‘, Abschnitte 4–6.

96 Knörich (wie Anm. 40), 120. Vgl. oben, ‚a) Die Prosalegende von St. Reinold‘, Abschnitt 1).

97 Zu dem Mischprodukt *Sent Peters cloister* in H (und ursprünglich in G) vgl. oben Anm. 68 (und 71).

Als seinen Gegnern klar wird, dass Reinold die Gewohnheit hat, in der näheren und weiteren Umgebung Klöster und Kirchen zu besuchen und dabei Almosen zu geben – man erfährt nicht, ob in der Mittagspause oder vor oder nach der Arbeit –, werden sie von ‚unsäglicher Freude‘ (*incredibilia gaudia*) gepackt. Denn, so darf man schließen, sie brauchen Reinold nicht an der gemeinsamen Arbeitsstätte offen anzugreifen, sondern können ihm in einiger Entfernung davon einen Hinterhalt legen, mit weit größerer Aussicht, unentdeckt zu bleiben.

Auch hier ist es zum vollen Verständnis des Textes hilfreich, sich die damaligen räumlichen Verhältnisse genau anzusehen. In der Antike befand sich etwa 140 m nördlich des späteren Sankt-Reinold-Klösterleins in der römischen Stadtmauer das große Westtor, durch das, die Ost-West-Achse der Stadt fortsetzend, die berühmte Straße Köln-Bavay verlief. Tor und Straße sind in dieser Funktion noch 965 belegt, als, von Westen kommend, der Leichnam des Erzbischofs Brun nach Köln gebracht wurde; damals wurde, während der Vorbereitung des feierlichen Einzugs in und dann quer durch die Stadt zum Dom, der Leichnam unmittelbar vor dem Tor noch einmal abgestellt in der Sankt-Aposteln-Kirche, damals noch *structura et opere humilis*, die mit dieser Erwähnung in die Geschichte eintritt.[98]

98 Ruotgers *Lebensbechreibung des Erzbischofs Bruno von Köln*, cap. 47, ed. Irene Ott, MGH SS. N.S. 10, Weimar, 1951, p. 50. – Im folgenden Jahrhundert wurde aus St. Aposteln eine der stattlichsten Kölner Kirchen, die das alte Stadttor quasi verstopfte. An seine Stelle traten zwei neue Durchgänge nördlich und – uns eher angehend – südlich der Kirche, letzterer immer noch etwa *70 m* nördlich von St. Reinold; Keussen (wie Anm. 31), Karte der Pfarrei St. Aposteln, Bd. 1, nach p. 387, und Register, Bd. 2, p. 451, nennt ihn „älteste Schafenpforte“; er verlor seine Bedeutung schon 1106 bei der Erweiterung der Stadtbefestigung, blieb aber als solcher erkennbar. Für das Verständnis der Legende ist die Frage ‚älteres Tor oder etwas südlicherer jüngerer Durchgang?‘ ohne Bedeutung. – Zwar gab es in der Antike etwa 300 m südlich dieses (mittleren) Westtores ein (archäologisch gesichertes) Südwesttor bei der heutigen Straßenecke Clemensstraße–Bobstraße, das jedoch von der Spätantike bis nach 1000 nicht erwähnt wird und anscheinend (bis auf einen Fußgängerdurchlass?) lange Zeit verbaut war; ferner gab es frühestens wohl seit dem 10. Jh. abermals 400 m weiter südlich die sogenannte Griechenpforte dicht vor St. Pantaleon selbst. Aus einem großen Teil der Innenstadt wäre der Weg nach St. Pantaleon durch eines dieser Tore kürzer als durch das Westtor gewesen; doch selbst wenn eines von ihnen zur Zeit der Legendenfestigung offen gewesen sein sollte, könnte ein solcher Weg nicht die Lage von St. Reinold erklären, schied also für die Bildung und später das Verständnis der Legende aus.

Durch eben dieses Tor würde Reinold wohl aus der Stadt kommen, wenn er eine Kirche innerhalb der römischen Mauern oder nordöstlich davon (z.B. St. Ursula) besucht hatte.[99] Hatte er hingegen eine Kirche nordwestlich der Mauern (etwa St. Gereon) besucht, so musste er außen den Weg die Stadtmauer entlang kommen. Vor dem Tor trafen sich die beiden Wege. Der von nun an eine Weg ging südwärts außen längs der Stadtmauer weiter.[100] Hier also musste man Reinold auflauern, und zwar zweckmäßigerweise erst in einiger Entfernung von dem Tor, um dem Opfer eine Rückflucht in das Tor unmöglich zu machen und wohl auch um die Gefahr von Zeugen geringer zu halten. Genau diesen Bedingungen genügt die Ortslage von St. Reinold – womit zugleich die oben (IV 4 in fine) offengebliebene Frage beantwortet ist, weshalb Reinold nicht an seiner Arbeitsstelle ermordet wurde bzw. weshalb St. Reinold von St. Pantaleon merklich weit abliegt.

Die örtliche Konstellation hat noch eine wichtige Folge: spätestens in dem Augenblick, wo Reinold seine Mörder sich nähern oder den Weg versperren sieht, kann er nicht an ein zufälliges oder durch die Arbeit bedingtes Zusammentreffen glauben: er weiß nun, was er wohl schon länger geahnt hat: es geht um sein Leben. Die Feinde wie Freunde behandelnd und somit in klarerer *imitatio Christi* als im Epos, findet er die Kraft, ihnen entgegenzugehen.

Die Legende, richtig gedeutet, passt also völlig zur lokalen Tradition.

---

99   In diesem Sinne denkt noch Gelenius, *De admiranda* (wie Anm. 71), 576, ganz richtig an die alte römische Querachse, wenn er Reinoldus *in Episcopali antiqua vel Romana via Coloniae sacra loca circumiens* sieht.

100   Insgesamt kann man sich die Situation am besten veranschaulichen an Keussens (wie Anm. 31) Kartenbeilage 2 „Köln in karolingischer Zeit um das Jahr 800“.

e) Reinolds Leichnam: nicht in den Rhein, sondern in einen Pfuhl

In allen Fassungen wird der Leichnam in ein Gewässer geworfen – im frz. und im niederld.-frühnhd. Epos einfacherweise, in einen Sack gepackt, in den Rhein.

Wie zu erwarten, sind sich demgegenüber die Legende und die Gelehrten einig, dass Reinold, der westlich des römischen Köln zugrunde ging, nicht in den Rhein geworfen worden sein kann; doch fällt ihre Aussage wegen der Unscheinbarkeit des betroffenen Gewässers unspezifisch-generisch aus. Denn nach dem Verfall des römischen Systems der Abwässerbeseitigung hatte sich in Köln, besonders in den jeweiligen Randgebieten der Bebauung, eine Vielzahl teich- bis sumpfartiger ‚Pfühle‘ gebildet, von denen einzelne als Fischteiche, die meisten aber nur zum Auffangen von Abwässern dienten.[101] Obwohl Keussen mehrere Dutzend nennt,[102] bleibt ihre Dokumentation verständlicherweise mehr oder minder zufällig; die meisten werden zudem lange nur durch relative Angaben bezeichnet (*paludem iuxta X* u.ä.), welche erst langsam zu echten Eigennamen zusammenwachsen. Aus der Gegend um St. Reinold fehlen aus der Zeit vor der Erweiterung der Stadtmauer (a. 1106) alle einschlägigen Nachrichten; doch darf man bei diesem Stand der Dinge von vornherein damit rechnen, dass irgendein solcher Pfuhl in der Nähe war. So wie Mousket einfach *en l'aigue* schrieb (s. oben, IV, 6), so fand auch der Dortmunder Redaktor des Legendentextes offenbar keinen Eigennamen des Pfuhls vor und half sich mit *in quandam profunditatem*; da das etwas dünn blieb, setzte er noch ein (funktionsloses) *R(h)eno vicinam* hinzu, sei es, dass aus seiner Entfernung gesehen, jeder Kölner Pfuhl letztlich in Rheinnähe lag, sei es, dass er hier vage durch das Epos mit seinem Stichwort ‚Rhein‘ beeinflusst war.[103] Ebenso vage bleiben die Gelehrten des

---

101 Zur Sache Keussen (wie Anm. 31), Bd. 1, 175*–180*, speziell 178*s.

102 Keussen (wie Anm. 31), Bd. 2, Register s.v. *Paludem* und *Poel*.

103 Ihm folgt der Autor der hybriden ripuarischen *Histôrie: yn eyn wasser, na by deme Ryne* (ed. Weifenbach p. 244, ed. Reifferscheid p. 289). Bombastisch die ebenfalls hybride Verslegende: *Post in undam et immundam in profundum lutibundum corpus sacrum et amoenum est proiectum circa Rhenum a pravis filiolis* (v. 262–268); geheilt wird die alte Frau dann aber *per aquam fontis Siloe piscinaeque probaticae* (Anspielung auf Joh 9.7 bzw. 5.2, 5.7)

15. und 16. Jh.: laut Nederhoff (um 1440/1450, p. 33) wird der Leichnam *in aquam* gestürzt, befindet sich damit *in piscina* und taucht schließlich auf *de profundo laci* (sic); einfach *in lacum* gestürzt wird er laut Grevens (vor 1479) und den von ihm abhängigen Martyrologien, *in puteum* laut Wions *Lignum vitae* (1594), *in fossum Urbis* laut Gelenius (1645). Erst spät kommt dann doch noch ein Eigenname ins Spiel. Nur etwa 100 m west-südwestlich von St. Reinold hatte sich vor der Stadtmauer von 1106 (also nicht vor der Römermauer!) der zugehörige Graben zu einem lange namenlosen Pfuhl entwickelt. Von 1473 bis 1709 war in der Nachbarschaft die Patrizierfamilie Rinck begütert; vgl. Keussen (wie Anm. 31), Bd. 1, 178*, Bd. 2, 213b. So wurde der Name *Rinckenpfuhl* üblich. In Zusammenhang mit Reinolds Tod gebracht wird er von Gelenius in *De admiranda* (1645, p. 576); doch war damals die Trockenlegung des Pfuhls durch Bebauung schon in vollem Gange, sodass Gelenius fälschlich annehmen kann, der Pfuhl habe einst bis zu St. Reinold selbst gereicht. Im 17./18. Jh. war der Pfuhl nur noch eine „Lache" (Keussen, Bd. 1, 178*, Anm. 6); überlebt hat dann nur der Straßenname *Am Rinckenpfuhl*.

Die hier zu konstatierende Vagheit der hagiographischen Texte ist also durch die Natur der Sache bedingt.

f) Die Bergung: nicht durch ein Naturwunder, sondern durch ein Heilungswunder

Im frz. Epos zitiert Gott, da der Rhein eine Strömung hat, eine Unzahl Fische herbei, die den Leichnam an Ort und Stelle halten (D, v. 14240s., L, v.18236–18245). In der Abenddämmerung umgibt den Sack weithin ein geheimnisvolles Leuchten, in L begleitet von Engelgesang; der Bischof lässt den Sack an Land holen; der Leichnam wird erkannt als der vermisste *ovrier Saint Pere* (und im *Reinolt* an seinem Gürtel auch als *Reinolt von Montelban*).

In der Legende hingegen zeigt einer gelähmten alten Frau im Traum eine Lichtgestalt die Stelle, wo Reinold zu finden sei; ‚dort wird es mit dir besser werden‘. Sobald die Frau auf ihrer Trage herangebracht wird, erscheint der Leichnam an der Oberfläche des Pfuhles, und die geheilte Frau kann mithelfen, ihn auf derselben Trage in sein Kloster zurückzubringen. „Dass die Auffindung der Reliquien mit einem Heilungswunder verbunden wird, wie in unserer Legende, erkennt den Reliquien ihre heilende Wirkung zu: Gott wirkt über den Körper seines verstorbenen Zeugen auch in der Zukunft dort, wo die Reliquien gebührend verehrt werden."[104]

Hier hat ausnahmsweise die niederld.-frühnhd. Epostradition das Heilungswunder aus der (frühen) Legende übernommen: Noch liegt der Sack mit Reinolds Leiche im Rhein, umgeben von tageslichtgleichem Leuchten und Engelgesang (wie im frz. Epos), da hat (wie in der Legende) eine alte kranke (und sogar blinde) Frau ihre Vision, lässt sich morgens zum Rhein bringen, gewinnt betend ihr Augenlicht zurück, sieht den Sack auf sich zutreiben, findet die Kraft, in den Fluss zu treten und den Sack an Land zu ziehen;[105] die Glocken läuten, und der Bischof eilt herbei (wie im frz. Epos)...

---

104 Fleith (wie Anm. 63), 1169.
105 Eine Entlehnung in umgekehrter Richtung ist unwahrscheinlich, 1) weil ein solches Heilungswunder genretypisch für die Legende, nicht aber für das Epos ist, und 2) weil das Agieren der Frau am Rhein komplizierter ist, als Einfall weniger spontan wirkt als am Pfuhl.

g) Die Translation von Köln nach Dortmund: nicht sogleich, sondern nach Jahrhunderten – sehr wahrscheinlich im 11. Jahrhundert

Im frz. und im niederld.-frühnhd. Epos vollzieht sich die Translation so früh und so schnell wie nur möglich. Als in D (v. 14264–14310) die Geistlichen nach dem Totenamt die Leiche begraben wollen, setzt sich der Leichenkarren vielmehr von selbst in Bewegung nach Dortmund, der Bischof improvisiert schnellstens eine Prozession, die dem Karren nachzieht (man erfährt nicht, wie weit); als der Karren eine Meile vor Dortmund ist, läuten dort von selbst die Glocken; der dortige Bischof (im Epos ist Dortmund eine Bischofsstadt!) eilt ihm entgegen, erkennt den Toten als den *duc Renaut*, was für dessen anwesende Brüder ein Schock ist; man bringt den Leichnam in ‚die' Kirche und bettet ihn in einen kostbaren Sarg, wo von nun an Gott für *Saint Renaut* Wunder vollbringt – alles das passt in 47 Verse. In L entsprechen dem 179 Verse (v. 18311–18489) mit manchen neuen (und einigen umgearbeiteten) teils konkreten, teils emotional-rhetorischen Details; z.B. ist die Dortmunder Kirche nunmehr eine Marienkirche. Die Fahrt dauert jetzt mehrere Tage; doch die Struktur der Erzählung ist dieselbe geblieben. In der niederld.-frühnhd. Tradition bitten die Dortmunder, sobald sie von der wunderbaren Auffindung des Leichnams erfahren haben, in aller Eile den Bischof von Köln vergeblich um einen Teil der Reliquien, denen sie eine Kirche bauen wollen; doch der Karren mit dem noch unbegrabenen Leichnam setzt sich von selbst gen Dortmund in Bewegung.

Im ursprünglichen, d.h. spätmerowingischen Zeitrahmen betrachtet, ist das Ganze schlicht abwegig; denn Dortmund gehörte zum heidnischen Sachsen.[106] Aber auch, wenn die Story schon in die Zeit Karls des Großen verlegt ist – es ist im ganzen Kontext der Sachsenbekehrung des 8./9. Jh. unvorstellbar, dass ein im Altland (ohne Zusammenhang mit der Heidenmission!) soeben im Geruch der Heiligkeit zu Tode Gekommener den

---

106 Ganz eindeutig, seit um 695 die Sachsen das Land der *Boructuarii* (~ das einstige Bruktererland, den späteren Gau *Borahtra* ~ das Dekanat Dortmund) erobert und die von Suidbertus für das Christentum Gewonnenen vertrieben hatten; vgl. Beda, *Historia ecclesiastica gentis Anglorum* 5.11.

Neubekehrten als Kirchenheiliger präsentiert würde, dem sie von nun an vertrauen sollen; bei Heiligkeit muss eben auch das langfristige Vorbild altchristianisierter Gebiete vertrauensbildend wirken.[107]

Ganz anders die Legende. Erst ‚als seitdem eine lange Zeit vergangen war' (*inde ubi multum tempus transierat*), erbaten Gesandte aus der Gemeinde Dortmund (*Trotmannensis vicinia*) vom Kölner Erzbischof den Körper irgendeines Heiligen (*alicuius sancti corpus*), auf dass sie frömmer und zugleich sicherer leben könnten. Während der Erzbischof mit der Kölner Geistlichkeit noch beratschlagte, stand durch ein Wunder Reinolts Sarg vor seiner Kirche. Zunächst erkannte man das Wunder und dessen Sinn nicht, sondern brachte den Sarg mehrmals zurück.[108] Als man schließlich Gottes Wink erkannte, bettete man Reinold um in einen der Größe nach ausreichenden, kostbar geschmückten, transportfähigen Schrein (*capsule decenter adornate imposuerunt*), und die Menge [der Kölner] geleitete ihn

---

107 Einen bequemen Vergleich gestattet: Klemens Honselmann, *Reliquientranslationen nach Sachsen*, in: Victor H. Elbern (ed.), *Das Erste Jahrtausend*, Düsseldorf 1962, Bd. 1, p. 159–193, speziell Karte p. 161 und Liste p.163. Die Zeitspanne zwischen Martyrium und Translation nach Sachsen beträgt etwa ein Jahrhundert bei dem Iroschotten Kilian (Martyrium in Würzburg um 689, bedeutende Reliquien nach Paderborn wohl vor 799), bei dem Angelsachsen Bonifacius (Martyrium in Friesland 754/755, bedeutende Reliquien nach Freckenhorst 861) und bei der (von Honselmann übergangenen) Angelsächsin Walburga (natürlicher Tod in Heidenheim 779/780, bedeutende Reliquien 893 nach Essen), sie beträgt etwa zwei Jahrhunderte bei dem Angelsachsen Oswald und dem Westfranken Landolinus, sonst wesentlich mehr. Außer den Genannten geht es bemerkenswerterweise immer um Romanen (Westfranken, Italiener). Stärker auf Nebenumstände und auf Vollständigkeit bedacht (bis gegen 1000), aber auch die Reliquienbewegungen innerhalb Sachsens und aus Sachsen heraus umfassend: Hedwig Röckelein, *Reliquientranslationen nach Sachsen im 9. Jahrhundert* (Beiheft 48 der Francia), Stuttgart, Thorbecke, 2002, speziell Liste p. 375–377. Für einen noch breiteren, aber weniger übersichtlichen Hintergrund vgl. Matthias Zender und J. Fellenberg, Karte *Reliquientranslationen zwischen 600 und 1200*, in: Hubert Jedin et al., *Atlas zur Kirchengeschichte*, Freiburg, 3. Aufl., 1987, 24*s. Karte 28.

108 Damit die Mönche überhaupt auf den Gedanken kommen konnte, den Sarg an seine Stelle zurückzubringen, könnte er seinen dauernden Platz z.B. in der Krypta gehabt haben.

lobsingend noch drei Meilen weit (*per tria milia*), ehe sie ihn übergaben. In Dortmund kam er an einem 7. Januar an (*septimo Idus Ianuarii*) und fand eine würdige Wohnstätte vor (*dignum habitaculum*).

Diese Sätze bedürfen der Interpretation. Zur Zeitangabe reicht hier kein *postea*, nicht mal ein *post multum tempus,* sondern erst ein ganzer Nebensatz mit dem suggestiven *transire* – es geht also wohl nicht um Jahre oder Jahrzehnte, sondern um Jahrhunderte. Dortmund ist eine (Orts-) Gemeinde (*vicinia*), die einem neu ankommenden Heiligen ein *dignum habitaculum* nicht erst erbauen muss, sondern sogleich bieten kann.[109] Und sie wünscht sich vom Erzbischof nicht etwa Partikeln eines oder einer berühmten Heiligen, sondern einen beliebigen Heiligen – den aber ganz. Dass Letzteres das Wesentliche ist, wird Mitte des 15. Jh. Nederhoff[110] in geradezu hymnischem Ton bestätigen und zugleich erklären, die Dortmunder wünschten sich, dass sie *patronum eorum nedum nomine, sed eciam corpore presentem haberent. O vere devotum propositum! O salubre consilium! O sanctum desiderium!* Denn so werde die *devocio* der Bürger gestärkt (offenbar durch Konzentration auf ein gemeinsames und sichtbares Ziel) und zugleich die Stadt in Gefahren besser geschützt (offenbar, weil ein solcher Heiliger sich auch seinerseits rückhaltlos für seine eine Stadt einsetzten werde).[111]

---

109 Die hybride Verslegende laviert zwischen Epos und Legende durch: Reinolds Leichnam wird *ad templum deportatum* und beginnt Wunder zu wirken; davon erfährt das neubekehrte Dortmund (*novella plebs Tremoniae*) und bittet den Erzbischof um (einen oder den?) *sanctum*, der ihre Stadt wirksam beschützen könne; es folgt das Fahrtwunder; in Dortmund baut man *magnum templum*; im dritten Jahr nach Reinolds Tod spricht der Papst ihn heilig. Ähnlich die eng verwandte *Histôrie* (*In den selven zîden wâren de van Dorpmunde nuewe bekiert zô deme cristen gelouven, ind als si hôirten de nuewe mêre ind de mirakel* usw.). .

110 Nederhoff (wie bei Anm. 62), p. 32s.

111 Kurzum, die Dortmunder wünschen sich einen ‚Stadtheiligen' – womit ein für die Mentalitätsgeschichte des späteren Mittelalters zentraler Begriff genannt ist, der im Rahmen einer Anmerkung nicht bibliographisch adäquat behandelt werden kann. Mit Bezug speziell auf Reinold gehören hierher schon: Wilfried Ehbrecht, *Die Stadt und ihre Heiligen*, in: Ellen Widder et al. (edd.), *Vestigia Monasteriensia, Westfalen – Rheinland – Niederlande*, Bielefeld, Verlag für Regionalgeschichte, 1995, 197–261; Jochen Behrens, *Sankt Reinoldus und die Dortmunder Bürgergemeinde*, in: Theodor Schilp (ed.), *Himmel, Hölle, Fegefeuer*, Dortmund, Stadtarchiv, 1996, 29–43, dann mehrere Beiträge in den beiden Sammelbänden Schilp/Weifenbach 2000 (wie Anm. 4) und Weifenbach 2004 (wie Anm. 2).

Auch hier passt die heutige Wissenschaft, obwohl sie nur eine Wahrscheinlichkeitsthese formulieren kann, zur Legende, nicht zum Epos. Die unter St. Reinoldi ergrabene Kirche stammt aus der zweiten Hälfte des 10. Jahrhunderts, doch scheinen der Apsis- und Kryptabereich eine sekundäre Vergrößerung erfahren zu haben, um Reliquien ständig sichtbar zu machen.[112] Schon damit neigt sich die Waage dem 11. Jahrhundert zu.

Nun erklärte 1262 der Dekan des Stadtkölner Stifts Mariengraden, er wolle in Zukunft die Pfarrstelle der Dortmunder Reinoldikirche kraft seines Patronatsrechtes mit einem Kanonikus von Mariengraden besetzen und die Pfründegelder dem Kölner Kloster zuführen;[113] er ließ sich zwar 1267 durch Diskussionen vor allem mit Dortmundern zeitweilig überreden, dass ihm für die Dortmunder Kirchen nur das Recht der Investitur zustehe,[114] kehrte jedoch schließlich, wohl aufgrund genauerer Forschungen, zumindest für St. Reinoldi zu seiner ursprünglichen Auffassung zurück und strengte in den frühen Achtzigerjahren gegen die Stadt Dortmund einen Prozess an, der erst 1290 mit einem Vergleich endete. Der Dekan von Mariengraden erhielt das Patronat zugesprochen, sagte aber zu, die Pfarrstelle nur mit Dortmundern zu besetzen.[115] In der Anklageschrift von 1285 hatte er erklärt,[116] dass die jetzige Pfarrkirche St. Reinoldi einst ein Kanonikerstift mit ungefähr zwölf Kanonikern gewesen sei, das auch für die Seelsorge in der Stadt verantwortlich war; dass dann Erzbischof Anno II. der Heilige (1056–1075) dieses Stift samt allen dortigen Pfründeninhabern und allen daran hängenden Rechten an das Mariengradenstift in Köln transferiert und ihm inkorporiert habe; ferner, dass Anno damit St. Reinoldi zur einfachen Pfarrkirche mit einem (von Mariengraden abhängigen) Pfarrer gemacht

---

112 So Lange (wie Anm. 29).

113 Rübel (wie Anm. 4), Nr. 111, p. 51; Anna-Dorothee von den Brincken, *Das Stift St. Mariengraden zu Köln (Urkunden und Akten 1059–1817)*, 2 Bde., Köln, Neubner, 1969, Bd. 1, p. 10s.

114 Rübel (wie Anm. 4), Nr. 124, p. 60.

115 Zum Ganzen noch lesenswert: Anna Rüschenschmidt, *Entstehung und Entwicklung des Dortmunder Pfarrsystems, sein Dekanat und Archdiakonat bis zum Ausgang des 14. Jahrhunderts* (Diss. Freiburg 1925), in: Beiträge zur Geschichte Dortmunds und der Grafschaft Mark 33 (1926), 57–126.

116 Rübel (wie Anm. 4), Nr. 172, p. 98ss. Vgl. auch von den Brincken (wie Anm. 113), 405s., und Friedrich Wilhelm Oediger (Bearb.), *Die Regesten der Erzbischöfe von Köln*, Bd. 1, Bonn 1961, Nr. 870, p. 251.

habe, wodurch aber der Kirche der Titel der Dortmunder *ecclesia matrix* nicht verloren gegangen sei, den St. Reinoldi auch gegenüber den inzwischen abgespaltenen Pfarreien St. Maria und St. Nicolai rechtens führe. Jede dieser Feststellungen beschloss er emphatisch mit dem Satz, ebendies gehöre im Gebiet um Dortmund zur *publica vox et fama*. Die Dortmunder Prozessvertreter haben diese Aussagen nie bestritten, sondern verlegten sich auf die Unterscheidung von Investitur und Patronat.[117] Wenn überhaupt je, so darf man hier schließen: *qui tacet, fatetur*.[118]

Genauer behauptet die sogenannte Pseudo-Rektoren-Chronik, eine notorisch schwatzhafte Dortmunder Fälschung aus dem späten 14. Jh., jene Kanoniker des 11. Jh. hätten vor ihrer Überführung nach Mariengraden so sehr Hunger gelitten, dass sie sich an gutmütige Dortmunder um Mahlzeiten oder Esswaren wenden mussten.[119] Auch wenn dies melodramatisch übertrieben sein dürfte, kann es in die richtige Richtung weisen. Der Wohlstand der Dortmunder Bürger beruhte schon im 11. Jh. zunehmend darauf, dass sie Handel von Westeuropa weiter in den Ostsee-Raum, aber auch nach Ostdeutschland vermittelten;[120] ihnen gegenüber kann eine geistliche

---

117 Vgl. im Einzelnen Rüschenschmidt (wie Anm. 115), passim.

118 In Dortmund waren zwar 1232 die Urkunden verbrannt, aber solche elementaren Tatbestände bzw. deren Gegenteil erinnert man auch nach dreißig oder fünfzig Jahren. Wohl aber erklärt dieser Brand – zusammen mit einem entsprechenden Brand von Mariengraden schon 1080 oder 1085, vgl. von den Brincken (wie Anm. 113), Bd. 1, p. 274, 322 –, weshalb das Stift (oder irgendeine alternativ anzunehmende Kirche) keine klareren urkundlichen Spuren hinterlassen hat. – Eine meines Wissens bisher unbeachtete Parallele und damit ein Indiz für die Tatsächlichkeit von Annos Handlungsweise in Dortmund scheint mir Saalfeld zu bieten: um 1071 richtete Anno dort zunächst ein Kanonikerstift ein, wandelte es dann aber in ein Kloster um, wobei er auch hier die Kanoniker nach Köln transferierte; Oediger (wie Anm. 116), Nr. 1006, p. 296, vgl. auch Nr. 1003, p. 295. Übrigens klafft auch in der Überlieferung von St. Pantaleon eine fast einhunderjährige Lücke (976–1066/1075); vgl. Erich Weise, *Urkundenwesen und Geschichtsschreibung des Klosters St. Pantaleon zu Köln im 12. Jahrhundert*, in: *Jahrbücher des kölnischen Geschichtsvereins* 11 (1929), 1–105. hier 1s.

119 Hansen (wie Anm. 60) 519s.

120 Vgl. Beckmann (wie Anm. 59), 249s.: Spätestens ab 983 ist Dortmund ein wichtiger Münzprägungsort; 990 erhalten die Gandersheimer Kaufleute ‹dieselben Rechte wie die Dortmunder› (sodass Letztere offenbar als beneidenswert gelten); 1074 ist Dortmund neben Goslar und Engern eine der drei großen

Institution mit mäßigen, räumlich zerstreuten und deshalb schwer eintreibbaren Einkünften in der Tat ins Hintertreffen gekommen sein. So werden wirtschaftliche Schwierigkeiten Anno irgendwann den Vorwand zum Handeln gegeben haben; denn der für sich selbst asketische Erzbischof kannte ja keine Skrupel, wo immer für sein ‚Ziehkind' Mariengraden[121] eine Erwerbung möglich wurde.[122]

Von einem Patroziniumswechsel ist in dem Prozess um 1285 allerdings keine Rede. Nun schließt ein Wechsel der Rechtsform einer Kirche sicherlich nicht automatisch einen Patroziniumswechsel ein, ist aber doch eine der plausibelsten Ursachen für einen solchen. Und Anno konnte den Dortmundern die Degradation immerhin mundgerecht machen, indem er ihnen etwas Seltenes bot: einen (nahezu) ganzen Heiligen. Wenn ich recht sehe, hatte Köln damals genau einen Heiligen, der zwei Bedingungen gleichzeitig erfüllte: dass er (nahezu) noch zur Gänze vorhanden war und dass sein Verlust für Köln (und für Sankt Pantaleon) noch verschmerzbar war – eben Reinold.

---

kaiserlichen Zollstätten in Norddeutschland; im Jahre 1103 beschweren sich Kaufleute von Lüttich und Huy, unterstützt vom Lütticher Bischof Otbert, beim Erzbischof von Köln mit Erfolg darüber, dass die Stadt Köln die von altersher [!] üblichen Zölle heraufgesetzt habe, speziell die Durchgangszölle für ihre Fahrten ‹nach Sachsen und Dortmund›, wo Dortmund also als einzige Stadt namentlich genannt wird; sie verkaufen, von Westen kommend, unter anderem Zinn, Tuche und Salben und holen aus Sachsen Kupfer, anscheinend auch Silber und Vieh, aus Dortmund vermutlich auch schon Waren aus dem Ostseegebiet.

121 Das Kloster war noch von Annos Vorgänger Hermann II. gegründet, aber unter Anno, im Wesentlichen noch mit Hermanns Mitteln, gegen 1062 vollendet worden. Es war wirtschaftlich auf dreißig Kanoniker angelegt, die Anno dann *undique* herbeiholte; so die *Vita Annonis* cap. 16 (MGH SS. 11.474).

122 Geradezu peinlich war z.B., wie er die polnische Königin Richenza 1063 gegen ihren Willen nicht in ihrem ezzonischen Familienkloster Brauweiler, sondern in Mariengraden beerdigte, damit das juristisch an die Beerdigung gebundene wichtige ezzonische Besitztum Klotten an der Mosel an Mariengraden falle; erst sein Nachfolger Hermann III. restituierte es an Brauweiler. Noch heute wie einst lesenswert: Gerold Meyer von Knonau, *Jahrbücher der deutschen Geschichte unter Heinrich IV.*, Bd. 1, Leipzig, Duncker und Humblot 1890, 325–327, speziell Anm. 39.

Am ehesten sind die Reinold-Reliquien also unter solchen Auspizien im späteren 11. Jh. nach Dortmund gekommen.

Eine benachbarte Frage gilt als noch schwieriger: Unter wessen Patrozinium hatte besagtes Kanonikerstift eigentlich gestanden? Seit dem späten 14. Jh. ,wissen' es viele: unter Sankt Pantaleon. Nur leider steht ihrer aller Wissen im Verdacht, sich im Kern zurückführen zu lassen auf die soeben erwähnte schwatzhafte Fälschung, die Pseudo-Rektoren-Chronik.[123] Sie behauptet, dieses Stift sei eine Gründung Ludwigs des Deutschen gewesen; doch stellt sie dann z.b. einen frühen, vermutlich imaginären ,Rektor' der Benediktskapelle als ursprünglichen Kanoniker dar, der auf diese seine Würde zugunsten einer Wirkungsmöglichkeit an der Benediktskapelle verzichtet habe, präsentiert auch weitere ,Rektoren' zugleich als Kanoniker – was sie aufwerten soll, für die heutige Leserschaft jedoch umgekehrt das ,Pantaleon-Stift' in das dubiöse Gespinst des Fälschers hineinzieht.[124]

Immerhin bleiben zwei Dinge bemerkenswert.

Erstens: die ,Pantaleon'-Behauptung wurde auch im Kölner St.-Pantaleonstift akzeptiert, als sie dort ankam. Florentius de S(ch)ne(c)kis, Subprior in St. Pantaleon zu Köln, um 1530, ergänzt nach dem erwähnten *dignum [...] habitaculum* in der Hs. K: *divo Panthaleoni prius dedicatum cuius monasterii devotus confrater fuerat.*[125]

Und zweitens: trifft die ,Pantaleon'-Behauptung zu, so hat Anno einen verblüffend einfachen Tausch geschickt bewerkstelligt. Mit der Rücknahme des Stiftes nach Köln fielen ihm automatisch auch Pantaleon-Reliquien zu, zu allermindest jene, welche sich laut Kirchenrecht im Altar befinden mussten. Nun war St. Pantaleon in Köln nachweislich immer bestrebt, Pantaleon-Reliquien nachzuerwerben;[126] bot man ihm solche, würde es dafür nicht auf einen damals nur lokalen Heiligen verzichten?

---

123 Liste von zehn Werken zwischen etwa 1440 und 1690, die die Pseudo-Rektoren-Chronik ausschreiben, in der Ed. Hansen (wie Anm. 60), 511.

124 Ed. Hansen (wie Anm. 60), 516, 517, 520, vgl. auch 511, 519 Anm. 3 (auf p. 520).

125 Vgl. auch Braun, Georg/Hogenberg, Franz, *Beschreibung und Contrafactur der vornembster Stätt der Welt*, Köln, IV, 1574, p. 20, zitiert nach Hansen (wie Anm. 60), 510s. Braun war Dechant von Mariengraden und Dortmunder Archidiakon.

126 Um 866 als St. Pantaleon firmieren zu können (s. oben Abschnitt IV, 5), musste die Kirche in ihrem Altar zwingend eine Pantaleon-Reliquie eingearbeitet besitzen. Deren Herkunft ist unbekannt; man kann aber daran erinnern, dass nach

Doch gleichgültig, ob vor Reinold nun Pantaleon oder ein anderer Heiliger das Patrozinium der Dortmunder Hauptkirche innehatte – für Reinold selbst bleibt ein wichtiger Schluss zu ziehen: Wenn seine Translation nach Dortmund erst im fortgeschrittenen 11. Jh. stattfand, so heißt das doch, dass in der Realität die beiden, an sich unverwandten Elemente ‚Reinold' und ‚Dortmund' erst damals je zusammentraten. Und da man nicht annehmen kann, dass dies in Epos und Realität unabhängig voneinander, also zweimal, geschah, bedeutet es zugleich, dass im Epos alle Passagen, die Reinold – lebendig oder tot – in Dortmund zeigen, nicht wesentlich vor 1100 ersonnen worden sein können.

dem Versbericht des Florus von Lyon († um 860, MGH PLAeC 2.544s., zwei der drei Hss. 9. Jh.; nicht erst Sigebert von Gembloux!) Karls des Großen orientalische Gesandtschaft a. 806/807 nach Arles zurückkehrend auch *Pantaleonis ossa* mitgebracht hatte; einen Teil sicherte sich sogleich für Lyon Erzbischof Leidrad, anderes gelangte nach St. Denis, anscheinend (später) auch nach Compiègne (vgl. AA.SS. Iul. VI dies 27, Pantaleon, *commentarius praevius* § IV) – möglicherweise also auch nach Köln. Doch gingen dem Kölner St. Pantaleon diese Reliquien nahezu sicher a. 881/882 beim Normannensturm verloren. – Laut Ruotgers *Vita Brunonis* (wie Anm. 98), c. 27, überbrachte dann 955 Abt Hadamar von Fulda aus Rom dem Erzbischof Brun zusammen mit dem Pallium für dessen Wiederbegründung des Klosters auch Pantaleon-Reliquien; doch waren sie nach Kracht (wie Anm. 51), 12, „so bescheiden, dass sie später weder einen Schrein erhielten noch die Anlage eines Heiligengrabes bei der Instandsetzung des Gotteshauses erforderlich machten". – Auch Erzbischof Gero von Köln brachte 971 von seiner Gesandtschaft an den Hof des Basileus Pantaleon-Reliquien mit, und zwar wohl umfangreichere, da er schon während der Rückkehr einem mitgereisten Verwandten, dem Herrn von Commercy, einen Arm des Heiligen überließ, der später aus der Burgkirche von Commercy durch Kauf nach St. Vannes von Verdun kam (sehr genau dazu Hugo von Flavigny 2.8, MGH SS. 8.374s.; vgl. auch den Brief der Mönche von St. Vannes an die Mönche von St. Pantaleon in Köln bei Jean Mabillon, *Acta sanctorum sancti Benedicti* VI/1, 536s., 2. Aufl. 471). – Eben bei St. Vannes bemühte sich nun St. Pantaleon von Köln zwischen 1099 und 1122 mit Erfolg um weitere Reliquien des Heiligen; vgl. im Einzelnen Kracht (wie Anm. 51), 13s.: „Die Bemühungen der Kölner Abtei um weitere Reliquien des heiligen Pantaleon sind wohl nur dadurch zu erklären, dass der Reliquienbesitz des Klosters gering war." Jedenfalls lassen diese Bemühungen vermuten, dass das Kloster auch rund dreißig bis vierzig Jahre früher einem Tauschvorschlag Annos nicht abgeneigt gewesen wäre. – Zum letzten Mal konnte das Kölner Kloster Pantaleon-Reliquien 1208 erwerben, frisch aus dem Konstantinopler Raubgut; dazu Kracht p. 14.

h) Nur in der Legende: Rupelrath

Im Epos eilen die Kölner dem Sarg nach; doch erfährt man nicht, wie weit. Ein Wunder ereignet sich erst wieder eine Meile vor Dortmund, indem in der Stadt die Glocken zu läuten beginnen.

In der Legende hingegen geben die Kölner Reinold noch *per tria milia* (scil. *passuum)*, also ‚drei römische Meilen weit‘, das Geleit.[127] Die ‚drei Meilen‘ sind natürlich ein Topos, allerdings, lateinisch gerechnet, mit 4,8 km wahrhaft kein eindrucksvoller. Nun ging aber doch wohl der lat. Legende zwangsläufig eine (essenziell mündliche) deutsche voraus. In einer solchen könnten deutsche Meilen von je etwa 7,5 km gemeint gewesen sein, sodass die Verabschiedung etwa 22,5 km nördlich von Köln erfolgt wäre.

Auch deutsche Meilen wären als Topos uninteressant, läge nicht[128] in der Luftlinie 22,3 km nördlich vom ehemaligen Kölner St.-Reinold-Klösterlein eine St.-Reinold-Kapelle – die einzige ihrer Art – sozusagen im Nichts, nämlich etwa 50 m östlich der Bahnlinie Köln-Wuppertal und 300 m westlich vom Ortsrand (und reichlich 500 m westlich vom alten Ortskern) von (42699 Solingen-) Rupelrath und damit an einer Stelle, wo es sonst keine

---

127 Einzelne lat. Mss. verdeutlichen in *mil(l)iaria* ‚Meilensteine‘. Unter den Deutschsprachigen hat das *Passionail* richtig *drij mijlen*, die vier Hss. hingegen beziehen *wail bi dri dusent* auf die begleitende Menge. Die hybride *Histôrie* H addiert beides: *bi dri dusent [...] dri milen weges*, danach auch ihre lat. Übersetzung G: *circa tria milia sequentes ad tria miliaria*.

128 Das Folgende fast sämtlich aus Fiebig (wie Anm. 2), 56–59, dem ich auch in der Interpretation folge. Des Weiteren wurden konsultiert: Wolfgang Wennig, *Die St. Reinoldi-Kapelle bei Rupelrath und ihre Wandmalereien*, in: *Romerike Berge* 3 (1953), 60–70; Frhr. F.E. von Mering, *Geschichte der Burgen, Rittergüter, Abteien, Klöster in den Rheinlanden [...]*, Heft 10, Köln 1855 (Nachdruck Walluf, Sändig, 1973), p. 68–79. Zur Frage, wie denn der Zug wohl von Köln zum Ort der späteren Kapelle kam, verweisen Fiebig und Wennig auf eine bei von Mering (ausgiebig, aber nicht luzide) behandelte ‚Sandstraße‘. Dies ist einfach die alte Fuhrstraße (Köln–) Opladen–Leichlingen–Rupelrath–Solingen (–Elberfeld); sie hieß in Merings Jugendzeit (in umgekehrter Bezugsrichtung) kurz ‚kölnische Straße‘, später, weil durch eine modernere Verbindung entthront, ‚Sandstraße‘ (so noch heute in Opladen; weiter nordwärts heute nacheinander [in Leichlingen:] Rothenberg, Trompete, Förstchen, Rosslenbruch, Unterschnitte, Stockberg, Ziegwebersberg, Bungenstraße, [in Rupelrath:] Opladener Str.; sie mündet 1,25 km nordöstlich des alten Ortskerns von Rupelrath in Solingen-Aufderhöhe in die B 229). Der Hinweis auf diese ‚Sandstraße‘ ist nicht voll befriedigend, weil sie immer noch in etwa 300 m Entfernung östlich der Kapelle vorbeiführt.

Anzeichen für eine mittelalterliche oder frühere Bebauung gibt; sie ist also sicher nicht als Pfarrkirche oder Pfarrfiliale entstanden. Auch ein Friedhof entstand erst während der (reformierten) Nutzung um 1700; die mittelalterliche Kirche war also auch keine Grabkirche, enthielt insbesondere nicht die Spur eines Grabes, zu dem man hätte pilgern können.

Während das Schiff kurz nach 1700 zum Zweck der gottesdienstlichen Nutzung erneuert wurde, dürfte der noch heute vorhandene Chorraum aus dem späten 13. Jh. stammen (laut Fiebig unprofilierte Rundbogenfenster, aber Spitzbögen an den Schmalseiten des Gratgewölbes im Queroblongum der Apsis). Urkundlich belegt ist die Kapelle 1488 im Zehntregister des Stiftes Altenberg, und zwar als der Solinger Clemenspfarrei inkorporiert; in der Tat hielt im späten 15. Jh. ein Kaplan aus Solingen dort regelmäßige Gottesdienste. Etwa gleichzeitig wurde die Kapelle – wohl im Rahmen der damaligen Kölner Reinold-Renaissance – mit Wandmalereien geschmückt, die jedoch während der späteren reformierten Nutzung übertüncht waren, erst seit 1952 wiederentdeckt wurden und seitdem viel zum Charme des Kirchleins (speziell als Hochzeitskirche) beitragen. Vielleicht war die Kapelle um 1500 sogar im Begriff, zur Pfarrkirche aufzusteigen; denn ein heute noch vorhandener Taufstein zeigt spätmittelalterliche Formgebung, und getauft werden durfte nur in einer Pfarrkirche. Vermutlich zerschlug sich dieser Plan durch die Reformation und ihre in Solingen ungewöhnlich langen Nachwehen. Erst 1840 wurde die Kapelle zur (evangelischen) Pfarrkirche erhoben.

So kurios es also zunächst klingen mag – eine *raison d'être* für die Kapelle ist nicht zu finden, wenn man sie nicht an jenen Drei-Meilen-Punkt der Legende und damit an die Translation Reinolds von Köln nach Dortmund anschließt; wobei man zugleich anerkennen muss, dass diese Translation ein großes, öffentliches Ereignis mit Festcharakter war.

Doch mit dem Dass hat man noch nicht das Wie: Ein kollektives Gelübde im Augenblick des Abschieds? Ein benachbartes Adelsgeschlecht, das – vielleicht eigennützig, mit dem Gedanken an eine Eigenkirche – den Bau übernahm, ihn dann jedoch, bei stärker gregorianischem Wind, an das Stift Altenberg abtrat?[129] Das sind ungedeckte Annahmen, die aber auch nur eine Möglichkeit aufzuzeigen brauchen.

129 Laut von Mering (wie Anm. 128), 71, nahm 1681 der Herr der Wasserburg Graven (1,7 km nordwestlich der Kapelle) das Recht in Anspruch, den Küster der Kapelle zu ernennen; so etwa kann man sich den letzten Rest adliger Rechte auf die Kapelle vorstellen.

i) Reinold nicht zu Lebzeiten nach Dortmund

Der Vollständigkeit halber sei noch ein Unterschied behandelt, der schon bei einem flüchtigen Vergleich des frz. Epos mit der hagiographischen Tradition auffallen muss, obwohl er für diese letztlich nur von peripherem Interesse ist.

Im frz. Epos begibt sich Reinold mit den Seinen, als er Montauban verlassen muss, nach *Tremoi(g)ne* ‚Dortmund' (D, v. 12215 u.ö.; L, v. 13740 u.ö.). Damit erreicht der weltlich-kämpferische Teil der Handlung nach Montessor (in den Ardennen) und Montauban den dritten und letzten Zufluchtsort der Haimonskinder. Für diesen Teil gibt es keinerlei historischen Hintergrund; er beruht sichtlich einfach auf einem erzählerischen Willen zur Trias, und für die Wahl gerade von Dortmund ist kein anderer Grund zu erkennen, als dass diese Stadt schon vorher den Schlussteil der Handlung (nach Reinolds Tod) bestimmte.[130] Dieser dritte Teil

---

130 Ähnlich auch Jacques Thomas (wie Anm. 90), 33. – Während *Tremoigne* in den erhaltenen Texten unbestritten ‚Dortmund' bedeutet, würde es sich nach Christianne Neubauer-Bruck, *Renaud de Montauban, Herr von Tremoigne. Infragestellung der Identifikation des legendären Tremoigne mit der Stadt Dortmund*, in: Weifenbach (wie Anm. 2), 51–60, ursprünglich vielmehr um *Termogne*, 25 km westlich von Lüttich, heute Teil der Gemeinde Faimes, gehandelt haben. Zwar ist dort wahrscheinlich der aus Tongern stammende Bischof Evergisil von Köln († 590/594) oder ein gleichnamiger Bischof von Tongern bei einem Besuch ermordet worden, doch sonst ist der unscheinbare Ort vor 1100 nicht zu belegen; vgl. Gysseling (wie Anm. 58), s.v.. Wäre dieses Termoigne ursprünglich (wie Dortmund im erhaltenen frz. Epos) ein Nebenbesitz Reinolds gewesen, so könnte es kaum eine andere Rolle gespielt haben als eben, dass Reinold es gegen Karl verteidigt hätte – doch das reale Termoigne liegt in der Ebene und scheint nie befestigt gewesen zu sein. Wäre es gar der Stammsitz der Haimonskinder gewesen, so sieht man nicht, wieso in dieser folklore-getränkten Landschaft gerade dieses kapitale Faktum nicht einmal an Ort und Stelle erinnert werden sollte. – In Neubauer-Brucks Aufsatz wird die dünne Argumentationslinie überwuchert von randhaften Details verschiedenster Art, die nicht selten der Korrektur bedürfen. Nur zwei Beispiele: (S. 55s.:) es besteht kein Grund, in dem *Merewout*, *Merewolt* der niederld.-frühnhd. Epostradition, dem *Merwald(ayn)*, *meruald(ensis)* von H und V das kleine Meerhout in der Gemeinde Donk zu suchen (Belgisch-Limburg, als *Mareolt* a. 741 an die Abtei Saint-Trond, nicht mit /w/-Laut zu belegen, < *mare+holt*, Gysseling s.v.), da die gängige Deutung als Mirwart (Belgisch-Luxemburg, mit

der Trias weist zwei Schwächen auf: Er wird mangelhaft eingeführt,[131]
und er ist in zu vielen Einzelmotiven eine matte Kopie der beiden ersten
Teile.[132]

Burg des 11., vielleicht 10. Jh. auf Felsen über dem Lommetal, z.B. *de Mirualdo*
in Originalurkunde von 1129, immer mit /w/-Laut und mindestens bis 1200
durchweg mit /l/, Gysseling s.v.) durchaus befriedigend ist (auch wenn sich das
Vorkommen in den Texten letztlich einem Missverständnis verdanken sollte,
vgl. Maaike Hogenhout-Mulder, *Proeven van tekstkritiek*, Groningen, 1984,
157–164). – (S. 54:) In den „Annalen von Metz" (gleichgültig, ob die *Priores*
oder die *Posteriores* gemeint sind) nimmt Bischof Agilolf nicht „einen breiten
Platz ein", sondern er kommt darin nicht vor.

131 Zu Ersterem: In den vorausgehenden zwölf- bzw. dreizehntausend Versen ist
in der Fassung D ein einziges Mal (v. 6992, auch CPZ) vorverweisend, aber
dort schwer verständlich, gesagt worden, Reinolds ungewöhnlich hohe Statur
(*façon*) sei noch in *Tremoigne* erkennbar. Das wird verständlich erst durch
Vergleich mit L (v. 6815, so auch M), wo diese Ortsangabe ersetzt ist durch
la fierte ‚der Sarg' (< lat. *feretrum*), dem Sinne nach also ‚(erkennbar) an der
ungewöhnlichen Länge seines Sarges'. Seinerseits nennt L (aber zumindest
nicht ABDMV) *Tremoigne* in einem anderen Vorverweis (v. 6072): *Escrit est
a Tremoingne en la fiertre au baron*, wonach auf dem Sarg ein Umstand aus
Renauts Lebensgeschichte berichtet werde. Es ist sicher nicht Zufall, dass sich
beide Vorverweise auf den *toten* Renaut und seine Verehrung in Dortmund
beziehen. Selbst die Minderheit von Rezipienten, die den jeweiligen Vorverweis
vorfand, verstand und über die nächsten mehr als fünftausend bzw. mehr als
siebentausend Verse im Gedächtnis behielt, war in keiner Weise darauf vor-
bereitet, dass dann (D, v. 12215, 12225, 12250) der *lebendige* Renaut nach
Aufgabe von Montauban *vers Tremoine* zieht, wo er von dem ‚Bischof' freu-
dig begrüßt wird und als Herr der Stadt *son palais* bezieht bzw. (L, v. 13740,
ähnlich M) dass Renaut beim Verlassen von Montauban erklärt, man werde
nach *Tremoingne* ziehen, das ihm als Lehen gehöre. Sehr treffend schreibt
Irene Spijker (wie Anm. 87), 163, Dortmund falle in dieser Funktion „heel
erg uit de lucht" – sozusagen: ‚vom Himmel'. Wer pedantischer ist, könnte
sogar urteilen: wenn nirgends mitgeteilt wird, das Renaut ‚jetzt' oder ‚inzwischen' Dortmund geerbt habe, so waren die Unbilden des Ardennenwinters, die
Mühen beim Bau von Montauban eigentlich überflüssig: in der Ferne wartete
ja eine schöne Stadt samt *palais*, man brauchte nur hinzugehen.

132 Wieder urteilt Spijker (wie Anm. 87), 160s., treffend: „Ten derden male komt
Charlemagne te weten waar Aymons zonen hun toevlucht hebben gezocht.
Opnieuw verplaatst het leger sich. Een nieuw beleg vangt aan. Weer wordt er
gevochten, weer ontvoert Maugis in versie *n* [= D und einige andere] een lid
van de keizerlijke familie (Charlemagne's zoon Charlot), weer verlaat Roland
het leger van zijn oom, gevolgd door de andere pairs. Kortom: er vloeit nog heel

Wohl aus diesen Gründen hat ihn schon die niederld.-frünhd. Epostradition nicht übernommen.[133]

In die Legende ist zwar eine volle Übernahme schon deshalb nicht zu erwarten, weil diese ja erst von Köln an narratives Interesse für Reinold zeigt. Doch bemerkenswert bleibt immerhin, dass in der Legende auch die geringste Anspielung auf eine Anwesenheit des lebenden Reinold in Dortmund fehlt. Noch auffälliger ist, dass auch die gesamte Dortmunder städtische Tradition nichts von einer solchen weiß – obwohl es doch für Dortmunder wie etwa um 1440–1450 für Nederhoff eine starke zusätzliche Genugtuung gewesen wäre, wenn der geliebte Stadtpatron nicht erst als Reliquie nach Dortmund gekommen wäre, sondern schon als Lebender die Stadt verteidigt hätte.

Hier zeigt sich eben, wie ausschließlich die Legende, die ja nahezu sicher in Dortmund – andernfalls in Köln – verschriftet wurde, in allem, was sie von dem weltlichen Vorleben Reinolds weiß, von der niederld.-frühnhd., nicht der frz. Epostradition abhängt – ein eindrucksvolles Zeugnis für die Intensität der spätmittelalterlichen niederländisch-niederrheinisch-westfälischen Kulturbeziehungen.

---

wat water door de Rijn, voordat eindelijk de vrede wordt gesloten." (‚Zum dritten Mal erfährt Charlemagne, wo Aymons Söhne Zuflucht gesucht haben. Aufs Neue zieht das Heer um. Eine neue Belagerung beginnt. Wieder wird gekämpft, wieder entführt Maugis in der Fassung *n* [= D und einige andere] ein Mitglied der kaiserlichen Familie [Charlemagnes Sohn Charlot], wieder verlässt Roland das Heer seines Onkels, wieder folgen ihm die anderen Pairs. Kurzum, es wird noch viel Wasser den Rhein runterfließen, bevor endlich Friede geschlossen wird.') Während im zweiten der drei Teile diese Repetitivität durch die Yon-Handlung glücklich überdeckt wird, fehlt dem dritten Teil ein ähnlich starkes Spezifikum.

133 Früher nahm man an, dass das niederld. Epos auf einer Frühfassung des frz. Epos beruhe, die diesen Teil noch nicht kannte; aber Irene Spijker (wie Anm. 87), 160–164, hat wahrscheinlicher gemacht, dass der niederld. Übersetzer-Bearbeiter ihn wegen seiner geringen Originalität eliminierte.

VII. Zusammenfassung

Der verbreiteten gelehrten Skepsis, die in den Dortmunder Reinold-Reliquien Reste eines Menschen des 11. oder frühen 12. Jh. vermutete, *de facto* also die Reinold-Legende für eine *pia fraus* hielt, wurde durch die 1999 erfolgte Altersbestimmung der Hauptreliquie nach der C14- (Radiokarbon-) Methode jäh der Boden entzogen. Der Wahrscheinlichkeitsbereich, der sich aus dieser Messung für die Reliquie ergibt, fällt bei realistischer Bemessung so breit aus, dass er noch die Spanne jenes Todesdatums (a. 720 – etwa 750) einschließt, das die tradionalistische (hier essenziell Longnonsche) Theorie dem Titelhelden des *Renaut de Montauban* zuschreibt. Das spricht für die Identität des ‚hagiographischen‘ mit dem ‚epischen‘ Reinold (gegen die ohnehin keine belastbaren Argumente zu finden sind) und stärkt zugleich die Longnonsche Theorie in ihrem bisherigen Schwachpunkt, dass nämlich der Protagonist nicht historisch nachzuweisen sei.

Die hagiographische Tradition ist dann vom 10. Jh. an, zunächst schüttern, doch zweifellos kohärent, nachzuweisen, und zwar zunächst in Köln, dann auch in Dortmund; ihre heute vorliegende *Redaktion* in Gestalt der lat. Prosalegende dürfte im 13. Jh. in Dortmund niedergeschrieben sein.

Diese Redaktion übernimmt zwar einleitend aus der epischen Tradition die Situierung des Helden in eine große Familie im unmittelbaren Umkreis Karls (schon: des Großen), ist im Übrigen aber an seinem weltlichen Leben nicht interessiert, sondern blendet sogleich über zu seiner Ankunft in Köln, dem Ort seines Martyriums.

Von da an verlaufen epische und hagiographische Tradition bis zur Translation nach Dortmund einschließlich, dem Endpunkt der Handlung,[134] im Prinzip parallel, doch in der jeweiligen Realisierung erstaunlich unterschiedlich.

Und zwar hat jeweils die hagiographische Tradition die historische Wahrscheinlichkeit für sich: Reinold wurde nicht weltlicher Bauarbeiter, sondern

---

134 Nur ein Teil der hagiographischen Tradition fügt codahaft noch eine angebliche Kanonisierung durch Papst Leo sowie Angaben über Sankt Reinolds Wirkungsbereiche an.

Mönch und als solcher Bauaufseher; gebaut wurde nicht der Dom, sondern
für oder an Sankt Pantaleon; Reinolds Leichnam wurde nicht in den Rhein,
sondern in einen Pfuhl geworfen; die Translation von Köln nach Dortmund
erfolgte nicht sogleich, sondern nach Jahrhunderten – sehr wahrscheinlich
im 11. Jahrhundert; die Reinold-Kapelle bei Rupelrath, dem Epos unbekannt, erklärt sich aus der stadtkölnischen Tradition; Reinold gelangte
(gegen die frz. Tradition) nicht schon zu Lebzeiten nach Dortmund. Diese
Unterschiede sind einfach zu erklären: Die epische Tradition wurde weit von
Köln im frz. Sprachgebiet aus einem Minimum historischer Kenntnisse heraus formuliert, im niederld. Sprachgebiet reformuliert; die hagiographische
Tradition hingegen lebte aus der ungebrochenen städtischen Erinnerung.

Wo die hagiographische Tradition von Wundern spricht, sind es Hei-
lungs-, nicht Naturwunder; sie geschehen (ohne Pendant in der epischen
Tradition) schon auf des Mönchs Reinold Fürbitten. Ein weiteres Heilungswunder nach seinem Tode ermöglicht die Auffindung seines Leichnams; ihm
entspricht in der frz. Fassung der epischen Tradition ein Naturwunder. Doch
hat in diesem einen Falle die niederländische Version der epischen Tradition
das Heilungswunder übernommen.

Sonst kommt es zur Kontamination der epischen und der hagiographischen Tradition frühestens Ende des 14., wahrscheinlicher erst im
15. Jh., nämlich in Gestalt der ripuarischen (Prosa-) *Histôrie* und der
(lat.) Verslegende; beide beruhen auf demselben, unmittelbar einsichtigen
Grundsatz: Sie zehren bis zum Stichwort Köln fast nur von der epischen
Tradition, da die hagiographische Tradition zu Reinolds weltlichem Leben
(außer seiner familiären Herkunft) nichts zu bieten hat; vom Stichwort Köln
an folgen sie fast nur der hagiographischen Tradition, die offensichtlich als
die verlässlichere gilt.

VIII. Bibliographie

Achery, Luc d', s. Mabillon, Jean.

Acta Sanctorum, Ian. I, ed. Joannes Bollandus, zuerst: Antwerpen, Joannes Meursius, 1643, dies 7, *Reinoldus*; Iul. VI dies 27, *Pantaleon*; s. auch *Passio Agilulfi* und Stephanus, Mönch von St. Pantaleon.

Acta Sanctorum Sancti Benedicti s. Mabillon, Jean.

Albricus monachus Triumfontium [Aubri de Troisfontaines], *Chronicon*, ed. Paul Scheffer-Boichorst, MGH SS. 23, Hannover, Hahn, 1874, 631–950.

Annales Alemannici, ed. W. Lendi, *Untersuchungen zur frühalemannischen Annalistik*, Freiburg/Schweiz, Universitätsverlag, 1971.

Annales Fuldenses, ed. Friedrich Kurze, MGH SS.schol. 7, Hannover, Hahn, 1891.

Annales Laureshamenses, ed. Georg Heinrich Pertz, MGH SS. 1, Hannover, Hahn, 1826, 22–39.

Annales Mettenses priores, ed. Bernardus de Simson, MGH SS.schol. 10, Hannover, Hahn, 1905.

Annales Mosellani, ed. I.M. Lappenberg, MGH SS. 16, Hannover, Hahn, 1859, 491–499.

Archiepiscopi Colonienses [Kataloge], MGH SS. 13, Hannover, Hahn, 1881, 283–287, und MGH SS. 24, Hannover, Hahn, 1879, 332–367.

Arntz, Ludwig/Neu, Heinrich/Vogts, Hans, *Die Kunstdenkmäler der Stadt Köln*, Ergänzungsband: *Die ehemaligen Kirchen, Klöster, Hospitäler und Schulbauten der Stadt Köln*, Düsseldorf, Schwann, 1937 (Nachdruck 1980).

Aurelius, Cornelius, *Batavia*, ed. Vulcanius, Leiden, Plantin, 1586.

Avalle, D'Arco Silvio, *Preistoria dell'endecasillabo*, Milano, Ricciardi, 1963.

Beckmann, Gustav Adolf, *Gesammelte Aufsätze zur altfranzösischen Epik*, Berlin, de Gruyter, 2019.

Beckmann, Gustav Adolf, *Onomastik des Rolandsliedes*, Berlin, de Gruyter, 2017.

Beckmann, Gustav Adolf, *Epik um einen Fluss*, in: Mittellateinisches Jahrbuch 51 (2016), 221–258.; wieder abgedruckt in: Beckmann 2019, 245–287.

Beckmann, Gustav Adolf, *Renaut de Montauban and the Pseudo-Turpin's Renaut d'Aubépine – two names for one person?* In: Neophilologus 93 (2009), 393–409; wieder abgedruckt in: Beckmann 2019, 371–390.

Beckmann, Gustav Adolf, *Pierrepont at a crossroads of literatures: An instructive parallel between the first branch of the Karlamagnus Saga, the Dutch Renout and the Dutch Flovent*, in: Neophilologus 89 (2005), 587–603; wieder abgedruckt in: Beckmann 2019, 353–369.

Beckmann, Gustav Adolf, *Maugis d'Aigremont: Zur Genesis einer literarischen Gestalt*, in: Zeitschrift für romanische Philologie 89 (1973), 148–166; wieder abgedruckt in: Beckmann 2019, 329–351.

Bédier, Joseph, *Les Légendes épiques*, Bd. IV, ³Paris, Champion, 1929.

Behrens, Jochen, *Sankt Reinoldus und die Dortmunder Bürgergemeinde*, in: Theodor Schilp (ed.), *Himmel, Hölle, Fegefeuer*, Dortmund, Stadtarchiv, 1996, 29–43.

Belleforest, François de, *Cosmographie*, Paris, Sonnius, 1575.

Berghaus, Peter, *Die Münzen von Dortmund*, Bd. I der *Dortmunder Münzgeschichte*, Dortmund, Stadtsparkasse, 1978.

Bergmann, Rolf, *Ein Kölner Namenverzeichnis aus der Zeit Erzbischof Hermanns I.*, in: *Rheinische Vierteljahresblätter* 29 (1964), 168–174.

Bertelius, Johannes, *Historia Luxemburgensis*, Köln, Butgenius, 1605.

Bolland s. *Acta Sanctorum*.

Brandt, Hans Jürgen, *Sankt Reinoldus in Dortmund*, in: *Dortmund, 1100 Jahre Stadtgeschichte*, Festschrift hrsg. von Gustav Luntowski und Norbert Reimann, Dortmund, Ruhfus, 1982, 79–104.

Braun, Georg/Hogenberg, Franz, *Beschreibung und Contrafactur der vornembster Stätt der Welt*, Bd. IV, Köln, [ohne Verlagsangabe], 1574.

Brincken, Anna-Dorothee von den (Bearb.), *Das Stift St. Mariengraden zu Köln (Urkunden und Akten 1059–1817)*, 2 Bde., Köln, Neubner, 1969.

Caesarius von Heisterbach, *Dialogus miraculorum*, ed. Josef Strange, Köln, Heberle, 1851.

Chanson des Quatre Fils Aymon, d'après le manuscrit La Vallière [L, Paris B.N. fr. 24387, 13., vielleicht erst Anfang 14. Jh.], ed. Ferdinand Castets, Montpellier, Coulet, 1909.

Continuationes Fredegarii, ed. Bruno Krusch, MGH SS.mer. 2, Hannover, Hahn, 1888, 168–193.

Cottineau, Henri-Laurent, *Répertoire topo-bibliographique des abbayes et prieurés*, I, Mâcon, Protat, 1936.

Dat duytsche passionail [ripuarische Übersetzung der *Legenda aurea*], Köln, Ludwig von Renchen, 1485.

Depoin, Joseph, *Questions mérovingiennes et carolingiennes*, in: *Revue des Études historiques* 1904, 377–385.

Dubois, Dom Jacques / Lemaître, Jean-Loup, *Sources et méthodes de l'hagiographie médiévale*, Paris, Editions du Cerf, 1993.

Ehbrecht, Wilfried, *Die Stadt und ihre Heiligen*, in: Ellen Widder et al. (edd.), *Vestigia Monasteriensia, Westfalen – Rheinland – Niederlande*, Bielefeld, Verlag für Regionalgeschichte, 1995, 197–261.

Fiebig, Paul, *Sankt Reinoldus in Kult, Liturgie und Kunst*, Dortmund, Verlag des Historischen Vereins, 1956.

Florus von Lyon, *Qualiter sanctorum martyrum Cypriani Sperati Pantaleonis reliquiae Lugdunum advectae sint*, ed. E. Dümmler, MGH PLAeC 2, Berlin, Weidmann, 1884, 544s.

Floß, Heinrich (ed.), *Legende von St. Reinold*, in: *Annalen des historischen Vereins für den Niederrhein, insbesondere die alte Erzdiözese Köln* 30 (1876), 174–203; darin die Prosalegende, inc. *De Sancto Reinoldo martyre et Monacho in Colonia*, 181–185, und die Verslegende, *Vita Sancti Reinoldi rythmica*, inc. *Deus lux lucens, oriens*, 185–203.

Gaiffier, Baudouin de, *Le martyrologe et le legendier d'Hermann Greven*, in: *Analecta Bollandiana* 54 (1936), 317–358.

Gelenius, Ägidius, *De admiranda sacra et civili magnitudine Coloniae [...]*, Köln, Kalcovius, 1645.

Generalis Catalogus Sanctorum qui in Martyrologio Romano non sunt, ed. Philippus Ferrarius, Venedig, Filippo, 1625.

Gesta abbatum Fontanellensium, ed. Siegfried Löwenfeld, MGH SS.schol. 28, Hannover, Hahn, 1886.

Gysseling, Maurits, *Toponymisch woordenboek van België, Nederland, Luxemburg, Noord-Frankrijk en West-Duitsland (vóór 1226)*, Tongeren, Belgisch Interuniversitaire Centrum voor Neerlandistiek, 1960.

Hansen, Joseph (ed.), *Chronik der Pseudorektoren der Benediktskapelle zu Dortmund*, in: *Neues Archiv der Gesellschaft für Ältere Deutsche Geschichtskunde* 11 (1886), 493–525.

Heidrich, Ingrid (ed.), *Die Urkunden der Arnulfinger*, Bad Münstereifel, H-C-I, 2001.

Hermannus *quondam Iudaeus, Opusculum de conversione sua,* ed. Gerlinde Niemeyer (MGH, *Quellen zur Geistesgeschichte des Mittelalters* 4), Weimar, Böhlau, 1963.

Heusler, Andreas, *Nibelungensage und Nibelungenlied: Die Stoffgeschichte des deutschen Heldenepos,* Dortmund, Ruhfus, 1921 u.ö.

Hilsch, Peter, *Die Bekehrungsschrift des Hermannus quondam Iudaeus und die Frage ihrer Authentizität,* in: *Deutsches Archiv für Erforschung des Mittelalters* 66 (2010), 69–91.

Historie van den vier heimschen Kinderen, die [aus dem Niederld. notdürftg ripuarisiert], Köln, Johann Koelhoff der Jüngere,1493.

Hoeniger, Robert (ed.), *Kölner Schreinsurkunden des zwölften Jahrhunderts,* Bd. II/1, Bonn, Weber, 1893.

Hogenhout-Mulder, Maaike, *Proeven van tekstkritiek,* Diss. Groningen 1984.

Honselmann, Klemens, *Reliquientranslationen nach Sachsen,* in: Victor H. Elbern (ed.), *Das Erste Jahrtausend,* Düsseldorf, Schwann, 1962, Bd. 1, p. 159–193

Hystoriae plurimorum sanctorum, Löwen, Johannes de Westfalia, 1485.

Jacobus a Voragine, *Legenda aurea,* mit Anhang *Hystoriae plurimorum sanctorum,* Köln, Ulrich Zell, 1483.

Jordan, Leo, *Die Sage von den vier Haimonskindern,* Erlangen, Junge, 1905.

Keussen, Hermann, *Topographie der Stadt Köln im Mittelalter,* 2 vol., Bonn 1910–1912 (Nachdruck Düsseldorf, Droste-Verlag, 1986).

Knörich, Gerhard, *Der heilige Reinold,* in: *Beiträge zur Geschichte Dortmunds und der Grafschaft Mark* 31 (1924), 77–128.

Koelhoff, Johann d.J., *Cronica van der hilliger Stat van Coellen,* Köln 1499, ed. Hermann Cardauns in: *Chroniken deutscher Städte* 13 (1876) 263–640 und 14 (1877) 641–1007.

Korth, Leonard, *Zur Geschichte des Klosters Dünwald im zwölften und dreizehnten Jahrhundert,* in: *Zeitschrift des Bergischen Geschichtsvereins* 20 (1884), 51–83.

Kracht, Hans Joachim, *Geschichte der Benediktinerabtei St. Pantaleon in Köln 965–1250,* Siegburg, Schmitt, 1975.

Kurth, Godefroid, *Maurice de Neufmoustier*, in: *Académie Royale de Belgique, Bulletin de la Classe des lettres* [...,], 3ᵉ série, 23 (1892), 668–684 (auch selbständig: Bruxelles, Hayez, 1892).

Lacomblet, Theodor J., *Urkundenbuch für die Geschichte des Niederrheins*, Bd. I, Elberfeld, Schönian, 1840.

Lange, Klaus, *Sankt Reinoldi vor 1232*, in: Thomas Schilp und Beate Weifenbach (edd.), *Reinoldus und die Dortmunder Bürgergemeinde*, Essen, Klartext, 2000, 59–85.

Liber Historiae Francorum, ed. Bruno Krusch, MGH SS.mer. 2, Hannover, Hahn, 1888, 215–328.

Longnon, Auguste, *Les Quatre fils Aymon*, in: *Revue des Questions historiques* 25 (1879), 173–196.

Lotharii I et Lotharii II diplomata, ed. Theodor Schieffer, MGH DK III, Berlin/Zürich, Weidmann, 1964.

Lotter, Friedrich/Gäbe, Sabine, *Die hagiographische Literatur im deutschen Sprachraum unter den Ottonen und Saliern (ca. 960–1130)*, in: Guy Philippart (ed.), *Hagiographies*, Bd. IV, Turnhout, 2006, 273–520.

Mabillon, Jean (bearb.), *Acta sanctorum sancti Benedicti*, nach Vorarbeiten von Luc d'Achery, 9 vol., Paris, Billaine, 1668–1701.

Martyrologium Usuardi ['Coloniense'], ed. Hermann Grev(g)en [Kartäuser, Köln, †1477/1479], mit gewissen Erweiterungen, Köln, [Johann Landen?], 1515.

Martyrologium ['Germanicum'], der Kirchenkalender [deutschsprachig, mit Vorrede von Petrus Canisius), Dillingen, Mayer, 1573.

Martyrologium Romanum. Editio princeps (1584). Edizione anastatica, introduzione e appendice a cura di Manlio Sodi – Robert Fusco (Monumenta Liturgica Concilii Tridentini, 6). Libreria editrice Vaticana, Città del Vaticano 2005.

Martyrologium Sanctae Romanae ecclesiae usui accomodatum, ed. Petrus Galesinius [päpstlicher Protonotar], Venedig, Antonius, 1578.

Martyrologium sanctorum ordinis Divi Benedicti, ed. Hugues Ménard, Paris, Nicolas Hugues, 1629.

Martyrologium Usuardi, ed. Joannes Molanus, Löwen, Wellaeus, 1573.

Mering, Freiherr F.E.von, *Geschichte der Burgen, Rittergüter, Abteien, Klöster in den Rheinlanden [...]*, Heft 10, Köln, Heberle, 1855 (Nachdruck Walluf, Sändig, 1973).

Merlo, Johann Jakob, *Ulrich Zell, Kölns erster Drucker*, posthum ed. von Otto Zaretzky, Köln, Stadtbibliothek, 1900.

Meyer von Knonau, Gerold, *Jahrbücher der deutschen Geschichte unter Heinrich IV.*, Bd. I, Leipzig, Duncker und Humblot, 1890.

Missale Diocesis Colonie[n]sis, Paris, Uuolffgangus Hopylius, impensis Francisci Byrckman, 1520, und ²Paris, Nicolaus Prevost, impensis Arnoldi Byrcaman [sic], 1525.

Nederhoff, Johannes [Dominikaner, Dortmund um 1440–1450], *Cronica Tremoniensium*, ed. Eduard Roese, Dortmund, Köppen, 1880.

Neubauer-Bruck, Christianne, *Renaud de Montauban, Herr von Tremoigne. Infragestellung der Identifikation des legendären Tremoigne mit der Stadt Dortmund*, in: Beate Weifenbach (ed.), *Reinold. Ein Ritter für Europa, Beschützer der Stadt Dortmund*, Berlin, Logos, 2004, 51–60.

Oediger, Friedrich Wilhelm (Bearb.), *Die Regesten der Erzbischöfe von Köln*, Bd. I, Bonn, Hanstein, 1961.

Ostendorf, Franz, *Überlieferung und Quelle der Reinoldlegende*, Münster, Aschendorff, 1912.

Passio Agilulfi, Acta Sanctorum Jul. II, dies 9 (BHL 145).

Peters, Wolfgang, *Die Gründung des Benediktinerinnenklosters St. Mauritius*, in: *Jahrbuch des Kölnischen Geschichtsvereins* 54 (1983), 135–166.

Pfaff, Fridrich (ed.), *Das deutsche Volksbuch von den Heymonskindern*, Freiburg i. Br., Herder, 1887.

Reifferscheid, Alexander (ed.), *Histôrie van sent Reinolt*, inc. *Dyt is de historie van sent Reinolt unsen hilgen patroyn*, in: *Zeitschrift für deutsche Philologie* 5 (1874), 271–293 [sprachlich manchmal ungenau].

Reinolt von Montelban oder die Heimonskinder, ed. Fridrich Pfaff, Tübingen, Bibliothek des Litterarischen Vereins, 1885.

Renaut de Montauban, édition critique du manuscrit Douce [D, Oxford, Bodl. Douce 121, Anfang bis Mitte 13. Jh.], ed. Jacques Thomas, Genève, Droz, 1989.

Ristow, Sebastian, *Ausgrabungen unter der Kirche St. Pantaleon in Köln. Zur Erkennbarkeit frühchristlicher Kirchenbauten*, in: Olof Brandt (ed.), *Acta XV Congressus Internationalis Archaeologiae Christianae*, 2 Bände, Città del Vaticano 2013, 151–162.

Ristow, Sebastian, *Ausgrabungen von St. Pantaleon in Köln. Archäologie und Geschichte von römischer bis in karolingisch-ottonische Zeit*, Bonn, Habelt, 2009 (Beiheft 21 zur Zeitschrift für Archäologie des Mittelalters).

Röckelein, Hedwig, *Reliquientranslationen nach Sachsen im 9. Jahrhundert* (Beiheft 48 der Francia), Stuttgart, Thorbecke, 2002.

Rübel, Karl (Bearb.), *Dortmunder Urkundenbuch*, I/1, Dortmund, Köppen, 1881 (Neudruck Osnabrück 1975).

Ruotgers *Lebensbeschreibung des Erzbischofs Bruno von Köln*, ed. Irene Ott, MGH SS. N.S. 10, Weimar, Böhlau, 1951.

Rüschenschmidt, Anna, *Entstehung und Entwicklung des Dortmunder Pfarrsystems, sein Dekanat und Archidiakonat bis zum Ausgang des 14. Jahrhunderts* (Diss. Freiburg 1925), in: *Beiträge zur Geschichte Dortmunds und der Grafschaft Mark* 33 (1926), 57–126.

Samerski, Stefan, *Die Kölner Pantaleonsverehrung: Kontext – Funktion – Entwicklung*, Rüthen, Initiative Religiöse Volkskunde, 2005.

Schäfer, Karl Heinrich, *Kirchen und Christentum in dem spätrömischen und frühmittelalterlichen Köln*, in: *Annalen des Historischen Vereins für den Niederrhein* 98 (1916), 29–136.

Schilp, Thomas (ed.), *Ein Reimoffizium zum Fest des heiligen Reinoldus aus St. Kunibert in Köln*, in: Schilp, Thomas/Weifenbach, Beate (edd.), *Reinoldus und die Dortmunder Bürgergemeinde*, Essen, Klartext, 2000, 157–170.

Schilp, Thomas, *Reinoldus, unser stat overster patroen und beschermer*, in: Schilp, Thomas/Weifenbach, Beate (edd.), *Reinoldus und die Dortmunder Bürgergemeinde*, Essen, Klartext, 2000, 35–49 und 178–181.

Schilp, Thomas/Weifenbach, Beate (edd.), *Reinoldus und die Dortmunder Bürgergemeinde*, Essen, Klartext, 2000.

Schlusemann, Rita, *Die vier ‚Heymschen kinderen‘ und Karl in Köln*, in: *Niederdeutsches Wort* 46 (2006), 221–252.

Schmidt-Chazan, Mireille, *Aubri de Trois-Fontaines, un historien entre la France et l'Empire*, in: *Annales de l'Est* 36 (1984), 163–192.

Schmitz, Wolfgang, *Die Überlieferung deutscher Texte im Kölner Buchdruck des 15. und 16. Jahrhunderts*, Habil.-Schrift Köln 1990.

Schüling, Joachim. *Der Drucker Ludwig von Renchen und seine Offizin*, Wiesbaden, Harassowitz, 1992.

Semmler, Josef, *Zur pippinidisch-karolingischen Sukzessionskrise 714–723*, in: *Deutsches Archiv für Erforschung des Mittelalters* 33 (1977), 1–36.

Spijker, Irene, *Aymijns kinderen hoog te paard*, Hilversum, Verloren, 1990.

Stephanus, Mönch von St. Pantaleon [im Auftrage seines Abtes Christianus (etwa 965–1001)], *Historia inventionis Maurini abbatis*, Acta Sanctorum Iun. II, dies 10 (BHL 5735); zentraler Teil *Ex translatione Sancti Maurini*, ed. L. von Heinemann, MGH. SS. 15/2, Hannover, Hahn, 1888, 683–686.

Stiennon, Jacques, *Le rôle d'Annon de Cologne et de Godefroid le Barbu dans la rédaction de la Passio Agilolfi (1060–1062)*, in: *Le Moyen Âge* 65 (1959), 225–245.

Thomas, Adolph, *Geschichte der Pfarre St. Mauritius*, Köln, Bachem, 1878.

Thomas, Jacques, *Signifiance des lieux, destinée de Renaud et unité de l'œuvre*, in: *Romanica Gandensia* 18 (1981), 7–45.

Trithemius, Johannes [† 1516], *De viris illustribus Ordinis Sancti Benedicti* [um 1492], Erstdruck wohl in: [Anonymus,] *Benedicti regula cum commentariis*, Köln, Calenius & Quentel, 1575, 427–615.

Vita Rigoberti, ed. Wilhelm Levison, MGH SS.mer. 7, Hannover, Hahn, 1920, 54–78.

Vogel, Cyrille/Elze, Reinhard (edd.), *Pontifical romano-germanique du dixième siècle*, 3 Bde., Città del Vaticano, 1963–72.

Weidemann, Margarete, *Zur Chronologie der Merowinger des 7. und 8. Jh.*, in: *Francia* 25/1 (1998), 177–230.

Weifenbach, Beate, *Die Reliquienliste des Kölner Reinoldiklosters*, in: Beate Weifenbach (ed.), *Reinold. Ein Ritter für Europa, Beschützer der Stadt Dortmund*, Berlin, Logos, 2004, 261–277.

Weifenbach, Beate (ed.), *Histôrie van sent Reinolt*, inc. *Dyt is de historie van sent Reinolt unsen hilgen patroyn*, in: Beate Weifenbach (ed.), *Reinold. Ein Ritter für Europa, Beschützer der Stadt Dortmund*, Berlin, Logos, 2004, 198–260.

Weifenbach, Beate (ed.), *Reinold. Ein Ritter für Europa, Beschützer der Stadt Dortmund*, Berlin, Logos, 2004.

Weifenbach, Béatrice, *Le culte de Saint Renaud en Allemagne et les adaptations allemandes et néerlandaises des ‚Quatre fils Aymon‘*, in: *Études Médiévales* 4 (2002), 352–364.

Weifenbach, Beate, *Die Haimonskinder in der Fassung der Aarauer Handschrift von 1531 und des Simmerner Drucks von 1535*, Teil 1, *Einführung in die europäische Haimonskindertradition*, Frankfurt/M., Peter Lang, 1999.

Weise, Erich, *Urkundenwesen und Geschichtsschreibung des Klosters St. Pantaleon zu Köln im 12. Jahrhundert*, in: *Jahrbücher des kölnischen Geschichtsvereins* 11 (1929), 1–105.

Wennig, Wolfgang, *Die St. Reinoldi-Kapelle bei Rupelrath und ihre Wandmalereien*, in: *Romerike Berge* 3 (1953), 60–70.

Wion, Arnoldus [aus Douai], *Lignum Vitae*, Venedig, Angelerius, 1595.

Zender, Matthias/Fellenberg, J., Karte *Reliquientranslationen zwischen 600 und 1200*, in: Hubert Jedin *et al.*, *Atlas zur Kirchengeschichte*, Freiburg, Herder, 3. Aufl., 1987.

Zinnow, *Die Sage von den Haymonskindern*, in: *Germania*, Neues Jahrbuch der Berlinischen Gesellschaft für Deutsche Sprache und Alterthumskunde 7 (1846), 10–68.

Textanhang: Die lat. Reinold-Legende

Wiederabdruck der kritischen Edition der Reinoldus-Legende von Gerhard Knörich, *Der heilige Reinold,* in: *Beiträge zur Geschichte Dortmunds und der Grafschaft Mark* 31 (1924), 77–128, hier 121–127, mit freundlicher Genehmigung des Historischen Vereins für Dortmund und die Grafschaft Mark. Zur Erklärung der Siglen s. oben S. 43–47.

SEQUITUR LEGENDA DE SANCTO REYNOLDO MARTIRE *STRENNUO ET INCLITO.*

Summa dei providentia volens genus humanum venenosi serpentis illusione obligatum fidei restituere martires, confessores, virgines elegit, qui oves aberrantes ad viam salutis cognoscendam 5 reducerent, *et ad fidem quam abiecerant ipsos recolligerent.* Inter quos beatissimus martyr Reynoldus tamquam stella que ceteris clarior refulget emicuit: qui quomodo deus diligendus esset perfectissime edocuit.

Hic enim a primis annis auctorem vite cepit amare, et quem 10 interius dilexit plenissime tandem cognoscere meruit.

Futurus igitur felicissimus martir Reynoldus clarissimis ortus natalibus, paternis praediis dives et urbibus et aliis multis quos longum est enumerare sublimis erat honoribus.

Erat enim ex patre Heymone strennuo militie, et Aya sorore 15
Caroli magni regis qui hanc terram Alemannie convertit natus, et
habuit tres fratres scilicet Adelhardum Ritzardum et Writsardum,
quorum virtus per orbem maxima [celebratur], quia qui fuerint
per vulgares cantilenas apertissime demonstratur.

---

1. Van sente reynolt dem heilgen merteler k. De sancto Reynoldo martire et monacho in Colonia X. De S. Reinoldo Martyre ac monacho S. Panthaleonis in Colonia 7° idus Januarii F; Bo fehlt. cf. subscriptio in K: Explicit Legenda sancti Reynoldi martiris.
5. salutis aeternae Bo.
6. ind sy weder vergaderden tzo dem gelouven den si hatten van in geworpen k; et — recolligerent, fehlt X, Z.
7. martyr Christi Bo.
10. 11 hinter 22 Bo, statt dessen hier: Hic siquidem quoniam de 'Karolidarum stirpe quodam modo primicerius exstitit eius vitam hic inter eos inserere libuit: quatenus ex ipsius additione clarior appareat, quia virtuosus filius magis nobilitat stirpem suam, quam illa ipsum.
11. recognoscere Br.
13. quos: quae Br, Bo.
14. enumerare. enarrare Bo: honoribus: dominiis Bo.
15-17. Erat — Writsardum K; statt dessen: Patrem eius Haymonem, virum in rebus militaribus strennuum, quis ignoret! Quatuor hic filios genuit, quorum virtus ... X, Z: [Patrem enim F: At vero patrem Bo: strenuissimum Br] Ind syn vader hiesche heyme, ind was eyn strenge man in rytterlichen wercken. Dysser heyme gewan vier sone. dae groisse dogenhafticheit wirt aff gesacht durch den umbkreisz der werelt. k.
18. maxima K, F: maxime X Bo; celebratur fehlt K; qui fuerint: quinam extiterint Bo.

20   Sicut autem stella aliqua in claritate superat alias, sic beatus Reynoldus nobilitate morum non solum vicit fratres, sed
etiam qui tunc temporis erant homines.
Sapientia itaque dei illuminatus *Vir supradictus Reynoldus* reli-
quit temporalia ut consequeretur eterna que intellexit permanentia.
25   Veniens igitur Coloniam *apud sanctum Pantaleonem*
monachi habitum induit, et totum se in eius amorem cui servire
regnare est transfudit.
Ibi enim virtus divina que diu clausa latuit, per eum vir-
tutes operari mirabiliter cepit, quia quod maximum est gratiam
30 ibi in conspectu principum invenit.
Quid mirum.
Tante siquidem sanctitatis erat ut amaretur ab omnibus
quem dominus ammirabilibus coruscum fecit virtutibus.
In claustro namque suo infirmitates curavit, claudis gressum
35 surdis auditum reddidit quibusdam etiam cecis a nativitate visum
restituit.
Dicitur quoque a multis hominibus id se vidisse attestantibus
quod dominus mortuum eius precibus suscitaverit et matri multum
flenti coram omnibus vivum assignavit.
40   *Multa etiam que digna essent referri mirabilia meritorum
eius possemus dicere, sed quia tot sunt quod humana lingua non
valet expromere breuiter quedam ob memoriam et que audientes
magis excitent volumus exponere.*
Puerum quendam per multos annos febribus laborantem *vir
45 dei ad se deportatum* ita sanavit ut eadem die melius haberet
et ad domum suam cum gaudio remearet *laudans et* glorificans
deum.

---

20. beatus Reynoldus fehlt Bo : 21 morum fehlt X.
22. qui: eos qui Bo; temporis fehlt Br.
23. illuminatus: illustratus F; Vir supradictus Reynoldus K, Der vurgenante heilge merteler Sente reynoilt k; fehlt X, Z.
25. Veniens igitur Coloniam K; Coloniam igitur veniens X. Z.
apud sanctum Pantaleonem K; fehlt k, X, Z. als he zo Coellen quam soe wart he eyn moenich van sent benedictus orden in de cloister dat genoempt is tzo sent panthaleon. D.
26 et totum se K: et se totum X F atqae se totum Bo.
28. ibi fehlt Bo.
33. ammirabilibus K F mirabilibus Ru. wonderlicher k; innumerabilibus X Bo.
34. In claustro namque: Denique in claustro Bo.
39. coram omnibus fehlt Br; assignavit: assignaverit Br, Bo.
40-43. Inde ouch vyl wonder syns verdienstes moichten wir sprechen de da eir-weirdich were tzo sprechen Want der also vyl is dat sy alle mynschen tzonge neit erzellen in kan. So willen wir kurtlichen ertzellen wonderzeichen tzo syme gedeichtenisse de da de me erwecken de gene de dat horen. k; fehlt X, Z.
44. Puerum K X F; Puerum etiam Bo, G: also k; ouch H; vir dei ad se de-portatum K: eyn kynt dat da wart tzo eme gedragen k: ein kint dat zo eme gedragen wart H: fehlt X, Z.
46. cum gaudio — deum K: gieack weder heym in syn huys mit vrouden

Contigit autem ut populus circumiacentis provinciae pestilentia infirmaretur et subita morte mallent damnari quam eternaliter insanabili peste tormentari.   50

Audientes igitur beati viri famam miserunt ad eum viros timoratos sanitatem suis corporibus exorare vel. dolorem saltem cum vita finire:

Qui cum ad eum venissent omnes se illius provolverunt pedibus multis lachrymis rogantes ut gentem suam ab infirmitate   55 pessima liberare dignaretur.

Quorum tandem acquiescens petitioni misit se in orationem continuo orans devotissime dominum ut misericordiam prestaret his quibus iam sola mortis restaret imago.

Dominus igitur iacentem virum clementer exaudiens optatam   60 populo languenti sanitatem contulit et viros memoratos cum gratiarum actione ad propria remisit.

Inde reversi omnes ad patriam unanimiter deo persolvunt gratias quod per merita dilecti sui salutem corporum percepissent et pestes in quibus nimis egre laboraverant evasissent.   65

Virtutem etiam beatissimi Reynoldi ubique diffamabant et laudem ad honorem ipsius postea singulis annis decantabant.

Postea *prefatus* vir dei Reynoldus ex precepto abbatis sui lapicidarum magister factus est, ubi cum plus aliis laboraret, lapicide magnam conceperunt invidiam et qualiter eum morti tra-   70 derent dolosam inter se conspiravere sententiam.

Qui cum minus procederent occultas illi posuerunt insidias ut sic saltem eum perderent quem manifeste interficere non audebant.

louende ind erende got, k; deum glorificans cum gaudio remearet X F; glorificans Deum cum gaudio remearet Bo.
48. autem K G; etiam X Z.
49. subita: subitanea Le, Li.
50. insanabili Y G Z; miserabili X.
52. suis corporibus Y Z; sui corporis X.
54. se: sese Bo.
55. suam: eorum Bo.
57. tandem — orans K: tandem petitioni acquiescens se in orationem continuo misit orans X, Z.
58. prestaret his K: hiis prestaret X, Z.
59. restaret imago K; imago restaret X, Z.
60. virum: sanctum virum Bo; den heilgen man k.
63. persolvunt gratias K; gratias persolvunt X, Z.
64. quod K, eo quod X, Z; percepissent K, recepissent X Z.
65. in fehlt Bo.
68. Postea prefatus vir dei Reynoldus K G; Dar na der vurgenante heilge gotz man sente reynoilt k; Vir autem dei Reinoldus postmodum X Z.
69. aliis. ceteris Bo
70. conceperunt: conceperunt adversus ipsum Bo. 71. dolosam: dolose Br.
72-73. fehlt X Z; Do lachten sy eme her na heymeliche lagen dat sy in doch verderften den sy offenbeirliche neit en dorften doden k insidias ei paraverunt N. 72. minus: minis K.

Habuit autem servus dei in consuetudine monasteria et singulas longe vel prope positas frequentare ecclesias et eundo pauperibus qui eum exspectabant largiri elemosynas.

Quod ubi homines sceleratissimi intellexerunt incredibilia illico conceperunt gaudia, quia sceleris iam se adeptos vident premia.

Positis igitur pro tempore insidiis more latronum statuunt illum deprehendere et inopina morte perditum ne tantum scelus appareat decernunt abscondere.

Quorum consilia agnoscens dei famulus quasi ad epulas invitatus cepit currere ad penas et latronibus tamquam amicis
se optulit ut mereretur celos martir ascendere.

Quem viri perditissimi invadentes malleolis suis confracto capite cerebrum excutiunt et *post* vestibus expoliatum *ut tantum scelus lateret* in quandam profunditatem aque Reno vicinam mittunt.

Sic egregius martyr Reynoldus palmam martyrii invenit, cuius animam cetus angelicus cum ympnis et canticis ad celestia deportavit.

Post obitum autem Reynoldi martyris abbas cum monachis reliquis fratris sui corpus ubique queri precipiunt, sed diu que-
situm per orbem terrarum non inveniunt.

Dominus vero cui digne et laudabiliter servierat corpus *supradicti* viri ulterius latere noluit *sed quomodo eum diligeret per signa que subscribuntur ostendit.*

---

75. k (nach H) fügt hinter ecclesias zu: dat is dat hey da omb sin aflais gienck.
76. elemosynas: eleemosynas Br, Bo.
78. illico K; illic X F: exinde Bo: iam fehlt Br; vident: viderunt Bo.
80. igitur: proinde Bo.
81. inopina K, inopinata X, Z.
82. appareat K, Z; appareret X.
83. agnoscens dei famulus K; famulus dei cognoscens X Bo; famulus dei agnoscens F.
84. currere ad penas K: ad penas currere X, Z.
85. optulit K, offerens X, Z; ascendere: ascendere affectabat Bo.
86. suis Y, F: fehlt X Bo.
87. post K: dar na k; fehlt X, Z. expoliatum K F, spoliatum X Bo; ut tantum scelus lateret K; vp dat zo maele verborgen bleue de misdait k; up dat ire misdat verborgen bleve H; corpus satagunt abscondere cum crimine G; tantum nephas per hoc occultare et velare volentes N; vp dat dat dit verhelen bleeff, ynd dat nyemans ein quade vermodinghe vp sy hauen solde D; fehlt X, Z.
90. Sic K: Also k; sicque X, Z.
93. Post obitum autem Reynoldi martyris K; Na deme dode des heilgen mertelers sente reynoilt k; Ever na deme doide des hilgen mertelers H; Post cuius obitum X, Z. monachis reliquis fratris Y, Z; monachis et reliquis fratribus X; myt allen synen monichen ynde mit synen broederen D.
94. sed — inveniunt fehlt Br.
95. inuenerunt F.
96. digne et Y, Z: diu ac X.
97. supradicti viri K; dis vurgenanten mertelers k; fidelis famuli sui X, Z; seruum suum fidelissimum G. sed — ostendit K: Nu me we hei in lieff hatte dat

Accidit enim ut quedam mulier in lecto egritudinis per multos annos iaceret, cui nullus medicorum spem salutis promitteret
nec amplius surrectura speraret nisi pater celestis hanc potentia
suae virtutis erigeret.

Hanc quadam nocte tantus dolor cepit opprimere ut mortem
exoptaret et vitam cum dolore finire continuis deum precibus
postularet.

     Post noctis vero medium nimia infirmitate fatigata tan-
dem sopore deprimitur et in eadem dormitione tale somnium vidit.

Venit ad eam vir splendidissimus dicens:

     Vade ad aquam in qua beatus Reynoldus a cementariis
interfectus proiectus est: ibi melius habebis.

Et locum ostendit.

     Deinde evigilans hec se vidisse meminit: et crastino que
viderat amicis nunciavit.

     Qui statim ad ostensum sibi locum egrotantem illam pre-
ceperunt afferri ut ibi ab infirmitate sua per merita gloriosissimi
martiris Reynoldi mereretur liberari.

     Quo cum esset delata corpus in superficie aque apparuit et
sanitatem mulieri restituit.

     Que a lecto egritudinis illico surgens aminiculo fuit extra-
hentibus corpus sanctissimum et in gestatorio quo deportata
fuerat cum portantibus portabat ad monasterium ubi vir beatus
se fecerat monachum.

100

105

110

115

120

---

bewyst hey durch mirackele de hie nauolgent k; ind we hei in leif hait
gebat, dat bewiat hei overmitz mirakel de her na volgen H; sed corpus
eius patefecit magno miraculo quod sequitur G; sed Dominus miraculorum
indiciis ipsum prodidit N; fehlt X, Z

99. Accedit K.
100. salutis fehlt X.
101. nec — speraret K; off ouch vortme vp tzo stayn k; fehlt X, Z.
103. cepit opprimere: occupavit et opprimere coepit Bo.
104. exoptaret K; optaret X, Z
106. vero K, G; igitur X, Z. nimia infirmitate X, Y, F; nimio dolore Bo.
    tandem K; fehlt X, Z.
107. sopore: corpore F.
108. vir quidam Bo, G dicens: qui dixit ad illam Bo.
109. cementariis K; caementariis Bo; sementariis X, F.
110. proiectus est K; is in geworpen k; is in gewerpen H proiectus est G
    corpus proiectum esset N; fehlt X, Z.
111. ostendit: eidem ostendit X, Y
112. Deinde K; Dar na k; Que X, Z crastino: in crastino Br.
113. nunciavit: enarravit Bo.
116. Reynoldi Y; fehlt X, Z.
117. corpus K; der licham des heilgen sente reynoltz k; der hilge licham H;
    corpus viri G; sacrum corpus N; corpus sacrum X, Z.
118 sanitatem mulieri Y; mulierem sanitati X, Z.
120 extrahentibus corpus sanctissimum K; sacratissimum corpus extrahentibus
    X, Bo; sanctissimum corpus extrahentibus F.
121. portabat: ipsa portabat illud Bo. beatus: sanctus F.

Inde ubi multum temporis transierat contigit quod Trotmannensis vicinia ad archiepiscopum [Coloniensem] venit: atque alicuius
125 sancti corpus quod terra reverentior et ab hostibus securior
esset sibi dari devotissime postulavit.

Quibus ut satisfaceret clerum civitatis ad se vocari precepit,
et ab eis quem Trotmannis mittere posset sanctum diligenter in-
vestigavit.

130 Qui cum diu dubitarent dominus ante ecclesiam in sarcofago
beatum Reynoldum martyrem exposuit, ostendens quia populo
noviter converso eum preesse voluit.

Adhuc ceca mens hominum dubitabat quid ageret et quem
dominus satis aperte mittendum innuerat in ecclesiam reportabant.

135 Cum autem id sepius contingeret tandem dominus oculos
cordis eorum apperuit ut apertissime cognoscerent quod iste mittendus esset ad salvandos populos.

Conveniens ergo clerus cum omni populo honorifice felicissi
mum martirem Reynoldum capsule decenter adornate imposuerunt
140 atque ad Trotmannie partes deferendum turba eum ab urbe
Colonia cum innumeris laudibus per tria milia prosequente tra-
diderunt.

In Trotmannorum ergo delatus ecclesiam septimo Idus
Januarii dignum invenit habitaculum, *divo Panthaleoni*
145 *prius dedicatum cuius monasterii devotus confrater fuerat* in

---

123. ubi fehlt F. temporis: tempus Bo. quod K; ut X, Z.
124. vicinia K; de van doirtmunde k; vicina id est Tremonensis (Tremoniensis F)
civitas X, Z. archiepiscopum K; ertzschen buschoff van collen k; zó Collen
ró deme ertschenbuschof H; domino reuerentissimo Coloniensi G. archiepiscopum Coloniensem X, Z.
125. quod K: quo X, Z terra: circa F. et: atque Bo.
128. posset: possit Le, Li.
131. beatum Reynoldum martyrem K, N; beatum martyrem Reynoldum X, Z.
132. preesse: k nutze soulde ain, H nutze suelde sin, G utilis esset scheinen
prodesse vorauszusetzen.
135. id K; hoc X, Z. tandem dominus K, N, G; dominus tandem X, Z.
136. mittendus — populos K; ad salvandos populos mittendus esset X, Z.
138. clerus: clericus Le, Li.
139. adornante F.
140. Trutmannie Br.
141. milia: miliaria Br, Bo (k: wail by drudasent; D: drij mijlen; H: bi
dri dasent — dri millen weges; G: circa tria milia sequentes ad tria
miliaria).
143. ergo K: igitur X, Z. delatus ecclesiam s. I. I., K; ecclesiam s. I. I.
delatus X, Z.
144. invenit K; hait da geuonden k; ibidem invenit X, Z. habitaculum: es
folgt in K: in quo ad se recurrentem, doch sind diese Worte durchgestrichen.
diuo — fuerat K; fehlt k (auch H, G, N), X, Z.

quo ad se recurrentem benignus patrocinator salvat populum.

In qua ecclesia multa per eum dominus ostendere dignatus est mirabilia per que fecit eum laudabilem et omni homini in necessitate laboranti desiderabilem.

Ceci hic sunt illuminati Leprosi mundati.

Paralytica etiam membra ad laudem *ipsius consolidavit dominus noster Jhesus Christus cui est honor et gloria in secula seculorum. Amen.*

Explicit Legenda sancti Reynoldi martiris.

150

---

146. recurrentem: recurrentes Br; accurrentem Bo.

148. omnium hominum F.

150. hic sunt: sunt illic Bo.

151-53. Vnse here ihesus xrus machde ouch gesont de gychtigen geleder om. ins verdienstes willen Dem da sy loff inde ere van nu bis in ewichelt. Amen. . paralytica eciam membra ad laudem dei et honorem sancti martiris consolidata. Fuit autem beatus reynoldus ut alibi legitur, filius haimonis ducis bavarie. qui dicitur fuisse de una sorore karoli magni. Hic beatus vir colonie apud sanctum pantaleonem factus monachus a sementariis insidiose est martirisatus X, Z (Fait — martirisatus fehit Bo). Hanc historiam propria manu scripsit v. P. Joannes Vlimmerius antiquarius apud Martinenses in Louanio, Preces legentium ac utentium ex charitate postulans Br.

154. nur K, es folgt in K: Sequitur Alia Narratio de sancto Reynoldo et genealogia eins et suorum. dieselben Worte in Br hinter postulans.

Mittelalter und Renaissance in der Romania

Herausgegeben von Lidia Becker, Elmar Eggert,
Susanne Gramatzki und Christoph Oliver Mayer

Die Bände 1-5 sind im Martin Meidenbauer Verlag erschienen und können über den Verlag Peter Lang, Internationaler Verlag der Wissenschaften, bezogen werden: www.peterlang.de.

Ab Band 6 erscheint diese Reihe im Verlag Peter Lang, Internationaler Verlag der Wissenschaften, Berlin.

Band 6 Grazia Dolores Folliero-Metz / Susanne Gramatzki (Hrsg./Cur.): Michelangelo Buonarroti: Leben, Werk und Wirkung. Michelangelo Buonarroti: Vita, Opere, Ricezione. Positionen und Perspektiven der Forschung. Approdi e prospettive della ricerca contemporanea. 2013.

Band 7 Antonio Bueno García (ed.): Revelación y traducción en la Orden de Predicadores. 2018.

Band 8 Antonio Bueno García (ed.): Antropología y traducción en la Orden de Predicadores. 2018.

Band 9 Antonio Chas Aguión (ed): Escritura y reescrituras en el entorno literario del *Cancionero de Baena*. 2018.

Band 10 Christoph Mayer: Italian World Heritage. Studi di letteratura e cultura italiana / Studien zur italienischen Literatur und Kultur (1300-1650). 2018.

Band 11 Gustav Adolf Beckmann: Epischer Renaut alias heiliger Reinoldus im Lichte einer Radiocarbon-Datierung. 2019.

www.peterlang.de

www.ingramcontent.com/pod-product-compliance
Lightning Source LLC
Chambersburg PA
CBHW030247100426
42812CB00002B/354